名人的成长：聂耳

孙豪 ___ 编著

中国青年出版社

图书在版编目（CIP）数据

聂耳 / 孙豪编著 . -- 北京 : 中国青年出版社，

2025. 1. -- (名人的成长). -- ISBN 978-7-5153-7716-2

Ⅰ . K825.76-49

中国国家版本馆 CIP 数据核字第 20250A27C5 号

责任编辑：彭彦婷

出版发行：中国青年出版社

社　　址：北京市东城区东四十二条 21 号

网　　址：www.cyp.com.cn

编辑中心：010-57350413

营销中心：010-57350370

经　　销：新华书店

印　　刷：三河市君旺印务有限公司

规　　格：650mm×910mm　　1/16

印　　张：13

字　　数：135 千字

版　　次：2025 年 4 月北京第 1 版

印　　次：2025 年 4 月河北第 1 次印刷

定　　价：65.00 元

如有印装质量问题，请凭购书发票与质检部联系调换

联系电话：010-57350337

矗耳

聂耳

Nie Er

1912年2月14日～1935年7月17日

中国音乐家，中华人民共和国国歌《义勇军进行曲》的作曲者。云南玉溪人，生于昆明，原名聂守信，字子义（亦作紫艺），曾用笔名有黑天使、噪森、浣玉、王达平等。

1912年2月14日，聂耳出生于云南省昆明市。1927年考入云南省立第一师范学校。1928年加入中国共产主义青年团。1930年到上海，参加反帝大同盟。1933年初，聂耳由田汉介绍加入中国共产党。1935年7月17日，聂耳在日本神奈川县藤泽市鹄沼海滨游泳时，不幸溺水身亡，年仅23岁。

聂耳创作了数十首革命歌曲，他的一系列作品影响中国音乐几十年。他的音乐创作具有鲜明的时代感、严肃的思想性、高昂的民族精神和卓越的艺术创造性，为中国无产阶级革命音乐的发展指出了方向，树立了中国音乐创作的榜样。新中国成立60周年之际，聂耳被评为"100位为新中国成立作出突出贡献的英雄模范人物"。

序言

亲爱的读者朋友们，

当你 10 岁的时候，你在干什么？

当你 20 岁的时候，你在想什么？

当你 30 岁的时候，你在做什么？

不长的人生路，你是否想象过，应当如何将它走完？

而现在的你，又正在做什么？

是刷着手机，打着游戏，以躺平的姿态把一天天度过吗？

世界上出现过繁星般的生命，其中有你有我有他。我们自己的生命之星，应当以怎样的方式，在浩瀚的宇宙之海中遨游而不迷失方向？

或许，有一颗闪亮的明星，可以为我们领航。当你翻开这本书的时候，你就可以看到它。

这正是我要向你介绍的一位可敬可爱的朋友。我们聊聊他的人生，可以从那份精彩中收获启迪、汲取力量。

他叫聂耳。

一个平凡的生命，如同你我。用当下时髦话来描述他，他就是一个草根、一个文艺青年、一个海漂儿、一个打工人。

他出生、成长于我国偏远地区的一座小城；不是官二代，也不是富二代，更不是星二代；不是含着金钥匙出生的人，也没有抓到人生的第一手好牌。他就是最普通、最平凡、最不起眼的一户老百姓人家的孩子。茫茫人海中，如一粒微尘。

这个草根，还偏偏扎在苦命的泥土里。4 岁时死了爹，8 岁时又差点失去了娘。生活困顿，家道艰难。他从记事起，就不能像其他孩子一样，拥有起码该有的生活和学习条件。他只能选择接受苦难，一切都需自己去争取，去创造。

他是一名彻彻底底的无产者——人生自始至终，都没有地产、房产等任何可以让他坐享其成的资产。

他也是一名普普通通的打工人——受资本的盘剥，受工头的压榨。他的工薪仅够糊口，一直没有积蓄，典型"月光"。

他还是一个漂泊者、外乡人——从出生时就随着家人离开家园，寓居他乡，时常要面临不能按时交房租，一家人流离失所的困顿；16岁起他便独自在外闯荡，当过兵，扛过枪，像浮萍一样；他割舍亲情，流落在各个并不属于自己的城市里，当过"海漂""北漂"；他最终还因逃难去往异国，意外溺水，客死他乡。

论命运，这真是一个普通且悲惨的安排。

但，这个平凡、短暂的生命却活出了别样的精彩。

12岁，上街摆摊卖字，勤工俭学；

13岁，率领全校同学参与"护校"斗争；

14岁，冒险支援蒙难义士，参加社会斗争活动；

15岁，创作出第一首歌曲；

16岁，秘密加入中国共青团，在白色恐怖政治背景下开展革命宣传工作；同年，秘密参军，独自离家远行；

20岁，发表评论，针砭时弊，揭露虚假；

21岁，在严峻的社会环境中秘密加入中国共产党，进行革命音乐、电影等文艺作品的创作；

22岁，写下《卖报歌》《毕业歌》《铁蹄下的歌女》《金蛇狂舞》等经典歌曲、乐曲，开创"大众音乐""无产阶级音乐"时代先河；

23岁，创作出《义勇军进行曲》，后被定为中华人民共和国国歌，成为不朽名篇。

他仅用了23年的时光，让自己这颗生命之星燃烧出耀眼的光芒。

为什么他的人生如此不凡？

因为，他是一个追光的人，一个——

对世界充满好奇的人。他对一切美好的事物都感到好奇，歌唱、吹笛子、拉小提琴、弹三弦、吹小号、作曲、戏剧表演、拍电影、讲外语、写作……没有他不感兴趣的。

爱美爱笑有趣的灵魂。他走到哪里,哪里就有欢乐。他的眼里有美好、有乐趣、有生机。他是一个能让自己快乐的人,一个热爱生活、努力生活的人,一个能创造美好、创造幸福的高手。

自强不息的奋斗者。他探求真理,主动钻研,有机会有条件要学,没机会没条件,自己创造机会创造条件也要学。学费自己赚,难题自己解,他不是被家长逼着念书的人。他是自立、自强、自主的奋斗者。

充满正义感的勇士。他面对弱者,便施以同情;面对良善,便给予支持;面对丑恶,就去鞭挞;面对不公,就去抵制;面对黑暗,就去揭露;面对强暴,就亮剑斗争;面对现实,就努力去改变。黑暗年代,他是冒死加入中国共青团、中国共产党,与反动当局顽强斗争、捍卫正义的共产主义战士。

站在人民立场的人。他永葆朴素的阶级情感,不为反动统治阶级唱赞歌,不为假恶丑洗地,不为欺压百姓的势力当鹰做犬;他永远站在人民大众一边,站在良善者一边,站在弱势群体一边。

心中有光,脚下有力量。

人生的路就是靠这股力量一步步走出来。

他已经走过。

现在,由你来走。

你,会怎么走呢?

目录

序曲 辉煌的一霎

———

世界上有一种花，极美，但生命极短。

短暂得像划过天际的流星，像绚烂燃烧的花火，刹那间，为世界献上绚烂夺目的光芒，然后，悄无声息地淡出，无影无踪。

这种美，极致高贵。

"昙花一现天资俏，玉洁冰清独自芳。"古往今来，无数文人墨客为它写下由衷赞美的诗篇。

刹那间的绝美，成就了高贵的生命。

一瞬间的绝美，诠释了生命的真谛。

人生的意义在于活出精彩，即使再短暂，也要有最美的色彩。

在共和国的缔造史上，曾经有一个年轻的生命，如同美丽的昙花一般，用尽短暂的一生，为我们的时代谱写了一曲恢宏壮丽的华彩乐章。

他叫聂耳。

第一乐章 逆境中成长
（1912—1925）

故乡

彩云之南，一个古老而又神奇的地方。

富饶的红土地，养育了26个勤劳、勇敢、智慧的民族：汉族、彝族、白族、哈尼族、壮族、傣族、苗族、纳西族、傈僳族、景颇族、拉祜族……各族人民聚居在一起、劳作在一起、交融在一起。

山高高，水长长。

这里，每一座巍峨挺拔的高山，都是一部豪情满怀的壮丽诗篇；每一条奔腾不息的江河，都是一曲沁人心脾的甜美歌谣。

这里有三天三夜唱不完的歌谣，有七天七夜跳不完的舞蹈，更有九天九夜讲不完的故事。

昆明，彩云下一座花儿一样的城市。

在这座花城里，有一条文化与历史味儿十足的老街——甬道街。这里有落成75年的抗战胜利纪念堂，有创立95年的东方书店，还有一个看似不起

甬道街"成春堂"药铺

眼却已经有116年历史的二层小药铺。四面八方的游人，但凡走到这个药铺，都会不由得留步注目，遐思神游，思绪穿越到一百多年前。

这就是甬道街72号——"成春堂"。

从外表来看，它不过就是一座二层小楼房，典型的"一颗印"式四合院结构，与街上的其他楼房相比，并没有什么特别之处。

但是，它有一个特殊的名号——"聂耳故居"，这恐怕才是游客为之驻足致敬的原

因罢！

云南昆明甬道街成春堂，是伟大的人民音乐家聂耳诞生与成长的地方。

成春堂的建成，可以从 116 年前说起。

"昆漂儿"

1905 年，那是清王朝最后挣扎的几年，国号是"光绪"——不过马上就要改成"宣统"了。一位悬壶济世的中医大夫，带着一家老小，背井离乡，从 100 公里外的玉溪来到昆明城。

他叫聂鸿仪（字冀廷）——聂耳的爸爸。

聂大夫是个脾气非常好的人，中等身材，较为清瘦，方方的脸，一撮山羊胡子，两只炯炯有神的眼睛，很有些仙风道骨的感觉。他平时都是一副典型旧式郎中的打扮，常穿一件长衫——大概这就是他的工作服，类似于现代医院里的"白大褂"。

在来昆明之前，聂大夫一家住在玉溪县北门街，就是现在的云南省玉溪市红塔区北门街 3 号。他有一双儿女。儿子叫聂守拙（字古愚），女儿叫聂兰茹。可惜，这双儿女的妈妈——一位姓王的女子，不幸年纪轻轻就病故了。后来，一位傣族妇女彭寂宽又走进了这个家庭，做了聂大夫的续弦太太。

在玉溪，聂大夫是个很有名气的医生，有着"着手成春"的声望。可即便如此，他的收入还是太低，很难维持一家人的生计。

有朋友给聂大夫出主意：大地方比小地方好谋生路，不如挪挪窝，试着出去闯闯，可能还有一些出路。

这句话让聂大夫很受启发。他同刚过门不久的续弦太太彭寂宽再三合计，最终拿定主意：举家搬迁进省城，办药铺。

光绪末年，聂耳爸爸带着全家人来到昆明谋生，悬壶治病，行医救人。

他们来到正对着云贵总督署制台衙门的一条偏僻小街道，叫甬道街。这里是全昆明城的金箔铺子集中地，早上只要东方发白，人们就会听到一阵阵"砰砰嘭嘭"的金箔捶打声。还有各种卖菜和收破烂儿的叫喊声、盲人沿街卖唱的拉琴声、运货牛车发出的"吱吱嘎嘎"的木轮滚动声……不绝于耳。

他们在甬道街租下一个小铺子。这是个不高的二层小楼，有前后两进，坐东面西。前面一进是铺面，临着南北向的甬道街，开着门窗，可以用于大夫坐诊给病人看病，也能当药房抓药。二层则用于居家。楼层中间还搭出一个腰厦，上面盖着瓦片，能遮一些烈日，挡一点风雨。穿过前屋的铺面，是一个小天井院子，两侧是卧堂和厨房。

这间旧铺子应该还中聂大夫的意，他挂上了一块木制的牌匾，上面写着"成春堂"三个端庄的大字。就这样，一个由玉溪人开的小中药铺正式开始营业了。

在这间铺子里，聂大夫利用平生所学，一边给人看病，一边给人抓药，勉强维持着一家人的"昆漂儿"生活。

母亲

在昆明站住脚跟之后，聂大夫家里又添了3个孩子：二女儿聂蕙茹、二儿子聂守诚（字子明）、三儿子聂守先（字子仁，后改名为聂叙伦）。他们的母亲是聂大夫的续弦太太彭寂宽，也是后来出生的聂耳的妈妈。

彭妈妈的家乡在云南峨山，一个离玉溪很近的区县。她是傣族人，出身于一个贫寒的家庭。她的爸爸，也就是聂耳的姥爷叫彭寿山，其实也是个外来户，原云南元江①人，自幼父母双亡成为孤儿，只好孤苦伶仃只身一人，随着赶马人从元江漂泊到峨山，帮一家姓陈的地主放马。

彭姥爷是个老实本分的人，干活从来不偷懒、不惜力，好心的"东家"看上了他，就把自己的一个养女许配给他，让他成了家。结婚以后，两口子在峨山县城开了一个卖糯米白酒的铺子，离开陈家另谋生计。

彭姥爷没有读过书。他生了4个儿子、1个闺女。他不想让孩子继续受他不识字的苦，便送孩子到私塾里读书。但家中贫寒，只能先送大儿子去读。作为小女儿的彭寂宽，自然不可能有读书的条件。她多次提出想让哥哥

---

① 现称"元江哈尼族彝族傣族自治县"，简称"元江县"，玉溪市下辖县。

教她识字，都被父亲阻止了。

在贫苦老农彭姥爷的眼里，穷人家的女娃娃，生来就是干粗活的料，长大以后做个贤妻良母，有碗饭吃，就算很不错了，不需要读什么书。

但对知识充满好奇的彭寂宽不这么想，她一定要找机会学习。

有一天，彭寂宽找来一本《百家姓》，让哥哥教教她。不料，恰恰被彭寿山发现了。她不但没有得到爸爸的夸奖，反而被臭骂了一顿。书被爸爸一把夺了过去，当面撕得粉碎。

彭寂宽很委屈，也很无助，她想不通：这个社会为什么这样不公平？为什么如此重男轻女？为什么只许男人读书，却不准女子识字？

后来，她和哥哥有了一个"密谋"：既然爸爸不准她光明正大地学，那她就背地里偷偷地学。当父亲外出时，彭寂宽便如饥似渴地学习。就连晚上入睡前钻进被窝的时间，她也要用来复习功课，把当天学的生字在脑子里默写一次。

功夫不负有心人。在哥哥的指导和自己见缝插针的刻苦学习下，她识了不少字，3本书——《百家姓》《三字经》和《增广贤文》都被她读完了。

幼时在家里，有个可以教自己识字的好哥哥，是彭寂宽的幸运。长大嫁人了，彭寂宽还是很幸运。她嫁了一个好丈夫。

聂大夫是个来自旧时代的文人，但思想比较开明。他从不讲"女子无才便是德"的旧礼教。他鼓励妻子学习，不仅学文化知识，还学传统医术，他亲自教。

聂大夫自己就是一个非常博学的人。他不但对中医理论和实践有较深的造诣，还精通制药、炮炙之法，而且旧学底子很深。为了教妻子学习文化和医理知识，他以《医学三字经》为基础，以《本草纲目》为进阶，让妻子逐步掌握医疗技术。很快，彭寂宽就成了丈夫的得力助手，帮着聂大夫诊病、抓药。

一家人的忙碌日子，一晃就是六七年。

这期间，聂大夫的大女儿聂兰茹长大成人，嫁给了玉溪老家的一户人家。大儿子聂守拙在学校读书，为了给家里节省开支，他选择了一所住宿制公费学堂——昆明陆军小学。

历史风云

边城昆明，山河秀美，四季如春，好吃的、好玩儿的，应有尽有。这里自古以来就是云南地区政治、经济、文化的中心。但是到了清朝的最后几年，由于清王朝的腐朽统治和外国列强的凌辱欺压，广大民众过着贫苦交加的生活。

"朱门酒肉臭，路有冻死骨。"

这座方圆不过十多里的小城，被高大的城墙和深重的苦难紧紧地围困着。沿着城墙向四野望去，处处只见歪歪倒倒的贫民窟，一派破败荒凉的景象。

这里，已经成为阶级矛盾和民族矛盾的"火药桶"，一触即燃，一燃即爆。

时代把历史机遇和革命重任交给了昆明，交给了甬道街。

1911 年 10 月 30 日，农历九月初九，重阳节，继武昌辛亥革命起义爆发的第十天。甬道街和往常一样熙熙攘攘，人们各自做着买卖。到了晚上 8 点钟以后，不知什么原因，街道上的人突然比平时少了许多，显得有点儿冷清。一些过路人神色紧张、脚步匆忙。一丝不安隐约袭来，人们不知道会有什么大事要发生。

很不凑巧的是，聂大夫在这天傍晚，被请到外面给一位亲戚瞧病去了。可到天都黑了，还不见他回来。

"砰—砰—砰"几声枪响划破了夜空。紧接着，"轰—轰—轰"，漫天的炮火声震惊了全城。

彭寂宽听到外面东一声、西一声的枪声，心中顿时一紧。她扔下手里的针线活，从楼上冲下去，轻轻将大门打开一个小缝往外瞧，只见黑暗中，一些人影急促地跑动。

成春堂离云贵总督衙门很近。枪声就是从那里传来的。她又把门稍微开大一点，想要看得更清楚。然而，一声枪响，一颗子弹"嗖"地穿了进来。太险了！她赶忙闩好门，叫家里 3 个孩子都躲到药柜后面去。她回到楼上，看见窗外已经是火光冲天，浓烟滚滚。

这就是由云南同盟会革命党人组织的"重九起义"，是作为响应武昌起义的战斗。它在重阳节这一天爆发了，它要推翻清王朝，要反帝反封建。这场革命斗争，老百姓将它称为"反正"。

"反正"的临时总司令是著名的同盟会员蔡锷将军。当天晚上，起义军兵分两路，各自从不同方向进攻清王朝地方政府，即云贵总督衙门。

战斗打响了。

英勇的起义军浴血奋战，节节胜利。

在猛烈的炮火轰击之下，云贵总督李经羲吓得胆颤心惊，早已越过总督署后墙逃匿。清军政要钟麟同被当场杀死，靳云鹏化装后逃跑。

蔡锷将军亲率的 74 标（团）二营所属的一个连长，收缴了督署卫队的枪械。这个人叫朱德，就是后来杰出的中国共产党人、中国工农红军的领导者。

这时，彭寂宽已经怀有几个月的身孕，那肚子里的宝宝，正是聂耳。

外面的枪炮声惊天动地，小药铺被震得摇摇晃晃。彭寂宽和孩子们坐在一起，围着一个针线篮子，把从亲友家要来的一些五颜六色的碎布，拼成一件"八宝衣"。这是给即将出世的聂耳特意准备的。按照当地老百姓的说法，只要穿上这种"八宝百家衣"，孩子就会逢凶化吉，快快长大。

枪炮声响了一阵，停了。一阵急促的敲门声传来，聂鸿仪终于回来了。大家松了口气。

"好险啊！终于回来了。"

"吓死人了。"

"刚才在路上，还撞见一群当兵的，打着灯笼朝外城跑呢！后面还跟着两乘轿子。"

枪炮声再次响起，一直到快天亮才完全停下来。

第二天早上，街道上渐渐有了些行人，不时见到一些伤兵被抬着从门口经过。左邻右舍的人三五成群围在一起，议论昨晚发生的事。大家都知道"反正"的消息了。

又过两天，11 月 2 日，老百姓们听说五华山上有"新朝廷"的大会，都去看看热闹。

起义军成立了大汉云南省军政府，蔡锷被推选为都督。红、黄、蓝、白、黑五色彩旗挂了起来，代替了原来的龙旗。

新的都督府马上贴出告示，要各族人民安居乐业。同时还有新规定：男子剪辫子，女子放小脚。

天变了，新世界来了。

嘉祥诞生

"重九"之后 3 个月就是腊月年关，昆明人将要迎来"反正"后的第一个春节。

小老百姓家不关心什么新王朝旧王朝，他们更关心自己的柴米油盐，日子该怎么过还得怎么过。街上都是忙着办年货的人，花灯张罗了起来。小娃娃们高兴地蹦来跳去。

腊月二十八日这天，已经过了新历年，是 1912 年的 2 月 14 日，已临近预产期的彭寂宽还和平时一样，忙着家务，忙着配药。直到较晚时候，她有些体力不支，才离开药柜，上楼休息。

听到妻子说肚子已经开始阵痛，聂大夫赶紧叫来一位老年妇女，请她帮忙接生。

"哇……"一声响亮的婴啼刺破沉静的夜空。

一个漂亮的男宝降生，全家人沉浸在兴奋之中。

聂鸿仪抱着这个"小肉肉"，仔细端详着他的面孔。

"我想给他取名叫'嘉祥'，你看格（可）要得？"

"'嘉祥'是什么意思呢？"

"大吉大利、吉祥如意、长命百岁，就是这个意思。"

彭寂宽点了点头。

农历腊月二十八，聂耳落到了这个世界，一个伟大的生命来到人间。

以后，每年到了这一天，彭妈妈都会煮一个红鸡蛋给聂耳吃。

一个人出生在什么样的历史时代、什么样的家庭环境，自己不可能选择。

乱乱哄哄的大世道、积贫积弱的小家庭，这就是聂耳生长的天地。也正是这特殊天地，锻造了特殊的人才。

童年趣事

聂耳打小就特招人喜欢，白白胖胖，小脸蛋红润润、圆鼓鼓的，长得很结实。他是家里的"小老虎"，成天在屋子里跑来跑去、蹦蹦跳跳，活泼、可爱，稍微有一点儿调皮。

他还是一个"好奇宝宝"，一双明亮、有神、敏锐的大眼睛总是闪烁着疑问的光芒。他对什么事情都感兴趣，往往要"打破砂锅问到底"，缠着大人给他作答，直到弄清楚为止。

聂耳有一对好耳朵，很小就能辨识各种声音，对音高、节奏、音色的敏感度都很高。中药柜子上的铜环子被他当成了"发报机"，经常被他碰得叮叮当当响。当妈妈叫他的时候，他不用嘴作答，而是把柜子上的铜环敲三下做回应，"叮叮当！"对他来说，意思就是"听见了"。"叮叮当"成了他和妈妈之间的暗号。

"模仿秀"是聂耳幼时的拿手好戏。有时，老家的亲友来家里串门子，他乖乖地坐在旁边听大人说话。等客人走后，他就能用老家方言生动、准确地模仿来人的腔调说话，学得有模有样，还特意带着夸张的动作和表情，把人逗得前仰后合，笑出眼泪。

小聂耳才过3岁，爸爸就开始教他读书。凭着超强的记忆力和不断提高的理解力，没用一年时间，小聂耳就已经认识了近四百个汉字。接着，爸爸又教他写字描红，一笔一画地学写大楷。

成春堂铺面很小。在正对屋的配药台桌上，放着一只雕刻得很精致的石狮子，猫一般大小，形态逼真，活灵活现。它的嘴里含着一颗珠子，可以"咕噜咕噜"转。好奇的小聂耳用小手指不停地拨动着石珠子，想把它勾出来玩玩，但总是无法实现。他疑惑地问父亲："爹爹，爹爹，狮子嘴里的珠子是怎么放进去的？"

聂鸿仪放下手中的笔，耐心地解答清楚。

"那么，家里为什么要摆一只石狮子在柜台上呢？"小聂耳抛出了新的问题。

"古时候有个药王，带着一头狮子走进森林寻药。为了避免药王尝药中毒，好心的狮子就冲锋在前，冒着生命危险，替药王尝药。有一次，因为尝了过量的药，狮子不幸中毒死了。为了纪念这头狮子，我们开中药铺的人家，把它摆在家里，当作我们的'神兽'。因为，我们也像狮子一样，为了天下病人的健康，不怕牺牲自己。"

这个故事让聂耳终生难忘。

房客的苦恼

聂耳家租用的甬道街 72 号铺面，是原政府"藩台衙门"的公家财产。"反正"后不久，新政府"都督府"将它收为己有。当时的新政府缺钱，为了解决财政困难，他们决定把房租来个"牛打滚"，足足翻了一倍的价钱。

聂家哪有这么多钱支付房租？无奈只能想着搬迁到别的地方去。

通过多方打听，聂鸿仪终于在一个亲戚的帮助下找到一个铺面。在藩台衙门（现昆明市威远街）有一所房子，地处闹市，便于行医，铺面背后还有比较宽敞的住房，房租还很低。这些条件都比较好。

"但是，有个问题，"帮忙介绍房源的亲戚对聂鸿仪说，"怕你不敢去住！"

"不敢去住？什么意思？"

"咳，这个房子以前吊死过一个女人。这家人搬走以后，有个裁缝租住，结果不久又死了人，裁缝也赶快搬走了。从此再没人敢住了。它成了个'凶宅'。要不然哪有这么低的房租！"

"哈哈哈，这有什么不敢住呢？我从来就不信鬼！只要房子合适，我就去租，麻烦你领我去看看房子。"

房子确实不错。聂鸿仪很快办完租房手续，搬进了新居。

新房子给聂大夫的生意带来了新的气象。迁居之后，看病的人多了起来，聂家的生活也改善了不少。但是，小娃娃们一想到"吊死鬼"，还是有些害怕，特别是到了晚上，他们更是怕去后院。

一天晚上，彭妈妈在铺子里补衣服，正好缺些棉线，就喊三儿子聂叙伦去后院房子拿。聂叙伦很是为难：晚上黑漆漆的，后院又没有照明的灯光。

聂叙伦心里非常害怕，不敢去，但又不敢违抗母命。

正在十分为难时，作为小弟弟的聂耳看出了哥哥的心情。他马上说："别怕！三哥，我陪你一同去。"他们一起去后院，把棉线拿给母亲。

"今后妈妈不论叫谁去后院房里拿东西，我们都要陪着一个人去，不得推诿！"此后，聂耳同二哥、三哥一起，在一张小卡片上签了个"君子协议"，只要大人叫他们去后院时，他们都争相同去。

后来，爸爸知道了这件事。他专门给孩子们讲：世界上根本就没有鬼神。慢慢地，弟兄三人的胆子大了起来，不用陪伴也敢独自进出后院了。

父亲病故

由于家庭负担重，常年操劳过度，营养又差，聂鸿仪的身体一天比一天消瘦，饭量也逐渐减少。最后，终于病倒了。

1916年7月17日，患肺结核病半年的聂鸿仪，闭上了他的双眼，永远不再睁开。他撇下孤儿寡母一家5口，撒手人寰。

父亲的离世，给聂耳一家带来了沉重的打击。匆匆离去的他没有给家里留下什么财产，除了几本医书、一架破旧的八音钟和五角钱现金，再无其他。

在街坊邻里和亲朋好友的帮助下，彭妈妈借钱为丈夫买了一口薄棺。聂家没有墓地。一位姓王的表亲同情这凄苦的一家，暂时将昆明东郊跑马山上的一块祖坟地借给他们，先把亡人临时葬在那里。定期3年，只能浅葬，不能深埋，3年以后必须把坟迁走。

虽然薄棺很差，墓地也是暂时，但总能给逝者最后的尊严。

父亲的死，让本就拮据的家庭立即陷入困境。这个5口之家，今后该怎样维持呢？

山一样的家庭重担顿时压在了彭妈妈一人身上。家里还有4个娃娃需要她拉扯成人，1个闺女3个儿子，一个比一个小，最大的二女儿聂蕙茹只有13岁，最小的四儿子聂耳，才刚满4岁。

困难没有把彭妈妈压垮，她坚强地挑起了养家糊口的重担。丈夫去世之后，她接过亡夫曾有的活计，开始给人抓药行医。经过不懈努力的学习，她通过了医生鉴定的考试，正式获得给人治病的资格，同时仍兼成春堂制药、卖药的经营，艰难地维持着全家人的生活。

听妈妈讲那过去的事情

彭妈妈虽然出身贫寒，但她却是一个爱学习、爱拼搏、求上进的妇女。为了把子女抚育成人，使孩子们健康成长，她不仅在生活上关怀备至，而且很重视他们的教育。

对孩子的管教，彭妈妈一向严格。她有一套家规——按时作息、尊重长辈、不乱讲话、不抽烟赌钱、不拿别人东西、不说谎话、不随便接受客人赠送的东西……孩子们都必须遵守。

幼时的聂耳非常喜欢听妈妈讲过去的事情。每当傍晚妈妈坐下休息时，或在临睡之前，他就依偎在妈妈怀里，请求她讲故事给他听。妈妈也总是尽量满足他的要求。她把讲故事作为一种教育子女的方法。

"……在先是东边一枪，然后西边又放一枪。继续两枪、三枪……"妈妈讲起昆明"反正"的故事。

"天哪！炸豆般的枪声响得实在怕人！我忙把窗子关起来，抱着你三哥跑下楼梯……"

聂耳（右一）与母亲及两个哥哥

"桌子底下有个面盆，里面还有一颗飞来的子弹哩！"

妈妈富有表情地把那件惊人的往事原原本本地讲给孩子们听，他们震惊得跳起来。然后，她把小聂耳紧紧地抱到怀里。

"我的乖乖，枪是最可怕的哟！"

这是未满 6 岁的聂耳

最喜欢听的"反正"故事。当时他觉着太可怕，然而又非常爱听。小聂耳曾无数次要求妈妈再讲，如果妈妈不允，他还耍小孩子脾气哭。

妈妈整日都在忙药铺和家里的事，哪里有闲工夫和闲心呀！尤其是忙着给孩子们做衣服或是在制药材的时候，根本抽不出时间来给小聂耳讲故事，只能叫他到书房里去练字。

"但是，我却得到了好几次的胜利，因为我会利用她闲的时候，或是看到她面带愁容地在追思死去的爸爸的时候去请求她，她便不住地又把这故事讲完，依然又把我抱到她的怀里给予一个温馨的甜吻。"多年以后，聂耳在日记里回忆起这段儿时的经历。

> "反正"这个名词已在我脑里荡得惯熟的了。只要想到"反正"二字便去联想到枪声，烧房子，换旗子，伤兵……和妈妈的表情。
>
> 我真觉得可惜，当时不能亲眼看看烧房子，听听枪声，只静静地躲在妈妈的肚皮里任她到哪里我便到哪里。直到这已"反正"了，旗子换了，枪声也停止了，我从才脱离了那紧紧的压榨蹿到另一个世界来，我现在想象着那时挺着大肚皮的妈妈，她是如何痛苦哟！
>
> （聂耳日记　1930 年 10 月 19 日）

第一个音符

除了讲过去经历的事之外，彭妈妈还经常给孩子们讲她所知道的各类民间故事。讲故事时，她看着已经发黄的木刻本故事书，边讲边唱，娓娓动听。

当讲到喜庆欢乐的故事情节时，她就用熟悉的民间歌调——玉溪花灯【出门板】唱几句；若讲到悲伤哀怨的情节时，她就用花灯调【全十字】唱几句，小聂耳特别爱听。

精彩的民间故事，动听的花灯曲调，像一颗颗结实饱满的种子，深深地种在聂耳幼小的心田里。

妈妈，是聂耳的第一个民间音乐启蒙教师。

妈妈还教聂耳念过一些很有趣味的儿歌，例如老家玉溪地区普遍流传的

《斑鸠谣》：

咕嘟嘟，嘟——
姑爷拜丈母。
衣裳穿烂无人补，
请人来补补，
补成个花屁股。

全 十 字

1＝G

云南花灯调

慢速

$\frac{2}{4}$ (5 $\underline{23}$ | 5 $\dot{1}$ | $\underline{65}$ $\underline{32}$ | 5 -) | 55. | $\overline{6\dot{1}}$ $\underline{65}$ |

$\overline{\dot{1}6}$ $\overline{65}$ $\underline{3}$ | $\frac{3}{\underline{c}}$ 2 ($\underline{22}$ | $\underline{22}$ $\underline{21}$) | $\dot{1}$ $\dot{1}$ | 5 6 $\underline{53}$ |

$\overline{2\ 35}$ $\underline{321}$ | $\overline{171}$ $\underline{65}$ | $\dot{6}$ ($\underline{66}$) | 2 $\overline{35}$ | $\overline{3\ 2}$ 1 |

$\overline{16}$ 1 | 2. $\underline{216}$ | $\frac{6}{\underline{c}}$ 5 - | ($\underline{56}$ $\underline{23}$ | $\underline{56}$ $\underline{1\dot{2}}$ | $\underline{65}$ $\underline{3\ 23}$ |

5 -) | $\dot{1}$ $\overline{\dot{1}6\dot{5}}$ | $\overline{6\dot{1}}$ $\underline{65}$ | $\dot{1}$ $\overline{\dot{1}65}$ | $\frac{3}{\underline{c}}$ 2 ($\underline{22}$ |

$\underline{22}$ $\underline{21}$) | 5 3 $\dot{1}$ | 5 6 $\underline{53}$ | $\underline{2\ 35}$ $\underline{21}$ | $\underline{231}$ $\overline{1\ 5}$ |

$\dot{6}$ ($\underline{66}$) | 5 2 | 3. $\underline{216}$ | $\overline{171}$ 1 | $\underline{2\ 23}$ $\underline{216}$ | 5 - ‖

　　长大以后的聂耳十分热爱民间文艺，这不得不说与妈妈给他的启蒙有着莫大的关系。这些民间曲调为他后来的音乐创作，提供了丰富的养料。

苦命的二姐

旧社会的许多婚姻都是父母包办的，其实聂耳家也有这样的情况。

聂耳父亲聂鸿仪在世的时候，曾经把刚满5岁的二女儿，也就是聂耳的二姐聂蕙茹，许配给同乡玉溪人严仲良的儿子严子鱼做媳妇，聂严两家订了一门"娃娃亲"。

聂鸿仪去世后一年，也就是1917年，严家向彭妈妈提出，要把聂蕙茹接到北平去成婚，一来兑现婚约，二来可以减轻彭妈妈养儿育女的生活压力，可以给这个家庭减少一个人的负担。

当时，聂蕙茹只有14岁，被人领去当童养媳，母亲心里当然是非常难过与不舍的。但由于家庭经济确实太困难了，在亲友们的再三劝说之下，彭寂宽最后同意了。

严子鱼从北平来昆明接聂蕙茹。临走前头天下午，他在馆子里请聂耳全家和一些玉溪的亲友一起吃饭。饭桌上，彭妈妈、聂耳和严子鱼坐在一起。吃饭过程中，严子鱼喝了一口酒，然后对聂耳说："你要好好学习，如果将来不成器，成了叫花子，要饭要到我门上时，我也不会给的。"听到二姐夫说的话，聂耳十分生气。他觉得二姐夫说得有些太过分了，当场丢下饭碗就跑回了家中。

那天晚上，彭寂宽回到家里，看见聂耳闷闷不乐，心里还是有气，宽慰他说："老四，不要气了。你走后，我在饭桌上当面已对严子鱼讲，叫他今后说话要注意些，不能伤害别人的自尊心。佛争一炷香，人争一口气。人穷志不穷，这种骨气一定要有的。但你二姐夫开头说要好好读书学习，这话还是对的。"

在母亲的劝说下，聂耳才慢慢消了气。这件事，让聂耳记了一辈子，对他后来立志成才，产生了深远的影响。

小学生

转眼间，聂耳已经长成6岁的大孩子，也该上学了。但家里穷，上学可不是一件容易的事啊！

看见邻居的小玩伴们一个个背着书包欢快地走进学堂，小聂耳很是羡慕，他太想去念书了，但是怎么给妈妈说呢？

有一天，他和妈妈从昆明师范附属小学路过。在操场边上，他看见学校里的小同学们有的在玩游戏、有的在做体育运动、有的在一起说笑，真是好呀！小聂耳看得入神，都不想离开了。

"妈妈，我很想进学校念书。如果你能供我上学，我一定用功学习。"小聂耳终于鼓足勇气，开口说出了自己的心声。他本不想让母亲为难，但不知为什么，他由不住自己，把内心的渴望全部倾吐出来。他实在是太想到学堂读书了。

看着小聂耳渴求的眼神，彭妈妈的心猛烈地颤动了一下。"好！只要你听话，好好学习，再困难我也供你上学！"

"哦，太棒了！我要上学咯！"小聂耳高兴得当场跳了起来。

彭妈妈非常理解小儿子的心情，她也早就意识到，如果继续留小聂耳在家里自学，是不容易让他成才的。但是，真要供儿子读书，的确不是一件容易的事。因为毕竟家里已经有两个孩子——二儿子聂守诚、三儿子聂守先正在读书，聂耳再进学校，又多了一份学杂费、校服费、买书费的负担。一个妇道人家，又是一个孤儿寡母的贫寒家庭，怎么能办到呢？

她不得不东拼西凑。

除了四处向亲友借钱，实在没有其他办法了，就典当家产。家里唯一能当的，只有丈夫留下来唯一能值几个钱的遗物——一架旧的八音钟。先送去当铺当了，换钱应急，交学费！

这架八音钟，打聂耳出生以来，就一直陪伴着他。每到整点钟，它就"叮咚"一回。清亮且错落有致的音响，组成一曲悦耳动听的歌谣，深深地印在小聂耳的头脑里。

把心爱之物送去典当，就像与亲人离别，聂耳心里有一种说不出的滋味。

"没事，嘉祥，等咱们的药铺生意好点，我很快就把它赎回来！"妈妈安慰小聂耳说。

聂耳懂事地点点头。

在小儿子诞生前，聂鸿仪已有 5 个孩子。出于一位医师的职业信仰，父亲给3个儿子分别取了学名"守拙""守诚""守先"，赋予他们极高的期望。到小儿子要上学的时候，彭妈妈延续了当年丈夫给孩子们起名字的要求，给小聂耳起了一个学名"守信"，希望他一生诚实守信，做一个坦坦荡荡、光明磊落的正人君子。

从此，小嘉祥有了个学名叫聂守信，他高高兴兴地背着母亲为他缝的书包，进入昆明师范附属小学读书。这一年，小聂耳6岁。

勤奋读书

昆明师范附属小学在昆明城的象眼街，离聂家不远。这是一所仅招收男学生的学校。这一点倒也不是怪事，因为在小聂耳读书的那个时代，几乎所有的学校都是男女分校读书，这所学校当然也不例外。

聂耳穿着蓝色的校服，戴着蓝色的大檐帽，帽子上还缝着一小块铜制的鸡心形帽徽，别提有多神气了。

聂耳一年级的班主任老师叫杨实之，是个非常认真、严肃的人。他常穿一件灰色缎面长袍，头上常戴一顶瓜皮小帽，鼻子上戴着一副度数很深的近视眼镜，胡子从来都是刮得干干净净，浑身上下利利落落、端庄整洁。

他对学生管教非常严格。他有一个"武器"——戒尺，三指宽、两尺多长，在教室黑板旁边挂着。碰上那些不做作业、不守纪律的学生，他就把"武器"拿下来——打手心是少不了的。要是碰到学生不请假逃学，那就要打屁股了。在这样严厉的管理下，小同学们虽然也尊敬杨老师，但是都很怕他，不敢随意偷懒和逃学。

小聂耳是个爱读书、能刻苦、肯用功的孩子。他严格遵守学校的纪律，从不迟到早退，每天放学一回到家里，就按老师的要求，认真做作业。学校里开设的小学课程：国文、算术、图画、手工、唱歌、体育等，他都学得很好。

其实，小聂耳在正式入学之前，就已经在家里学过近千个汉字了，有很好的学习基础。所以进校后，他的学习比其他同学快一大截。再加上他勤奋努力，每次期末考试时，他的成绩都是全班第一名。

有一年的冬天特别冷，原本四季如春的昆明竟然出人意料地下起了大雪，纷纷扬扬，飘飘洒洒。雪融之日，气温骤降，冷风刺骨。也是经济困难，也是生活习惯的缘故，小时候的聂耳从来没有棉衣和毛衣穿。但这么冷的天，光穿单薄的衣服实在是太冷了，万一冻坏身体怎么行呢？彭妈妈担心起来。

"今天就不要去学校上课了。下大雪后，估计别的学生也不会再去，老师也不一定讲课。"彭妈妈说。

"妈妈，您不是说小娃娃屁股里有三把火吗？"没想到，小聂耳竟然这样回答，"不冷的，我一边走路一边跑跑跳跳，身上就热起来了。"

果然，不出妈妈所料，聂耳到学校一看：因为大雪，全班三分之二的同学都没有来上课。面对遇到如此困难还能坚持来学习的同学们，杨实之非常高兴。他满心欢喜地表扬了同学们不怕困难的优良品德，并且照常给他们上了课。

在艰苦的学习生活中，小聂耳从来都是勤奋努力、吃苦耐劳的，他还很注重节俭。

为了节省开支，聂耳读小学用的课本，有一部分是他借别人的书照抄下来的。妈妈问他："你为什么不要新书呀？"他回答说："抄课本不仅节省了书钱，又可以练字，还能加强记忆，真是一举多得。"彭妈妈听了，非常欣慰，她为能有这么懂事的儿子感到骄傲。

第一次谋生

租客永远都面临着住宅不稳定的烦恼。因那间"鬼屋"的房东要收回房子，聂耳小学二年级时全家只好进行了第三次迁居，从昆明藩台衙门搬到了很偏僻的菜市场居住。

这里的铺面不临街，看病的人少，收入也就少。加之当时军阀混战，物价不断上涨，惨淡经营的家庭经济眼看就要全面崩塌了。这让原本坚强的彭妈妈陷入了凄惶无助之中。

有一天，聂耳放学回家，推开门进屋，看见妈妈一人独自在家坐着，暗暗流泪。他忙问家里发生了什么事情。起初妈妈并不想说，叫他别管大人的事情。后来在聂耳的一再央求之下，妈妈才道出了实情。

原来，他们家已经欠下 3 个月房租没有交了。白天房东来催要房租钱，妈妈拿不出来，恳请缓上一段时间再交，但房东却无论如何也不同意，限她 3 天内交清，否则就要撵走他们全家。妈妈一边说着，一边抹着眼泪。

"妈妈，您莫难过，家里没有钱交房租，我就停学算了。这样可以减少些家庭负担。"聂耳说。

"这怎么行呢？你还小，书还是要读的。只要你从小知艰识苦、用功学习，再难我也会想办法供你的。"

当天夜里，聂耳把白天发生的事情告诉了二哥和三哥。兄弟 3 人陷入了沉思，大家都不愿意让妈妈一人忍受艰难。3 人一合计，决定一起出去，学着大人的样子去打工，谋生养家。

"大人能做大事，小孩可以做小事。虽然我们现在还做不了大事，但是扫扫地，洗洗碗，当个学徒，总还是可以的。"3 个人议论着，决定第二天就开干。

可找个工作谈何容易？这是 3 个还未成年的孩子啊——二哥聂子明 13 岁，三哥聂叙伦 10 岁，小聂耳只有 7 岁。弟兄 3 人手牵着手，在昆明街上挨家挨户地寻问，从南边到北边，从东边到西边，百货商店、酒楼茶馆、杂货铺子，还有咸菜店都问遍了，没有一家人愿意要他们。原因很简单——他们的年龄实在太小了。

本来兴致勃勃的聂家三兄弟忙活了大半天却毫无结果，刚开门就碰了壁，心里滋味可想而知。没办法，他们只好拖着沉重的双脚，饥肠辘辘地往家里走。

路上，他们经过一个军事学堂——云南陆军讲武堂，它坐落在美丽的翠湖沿畔。两个拿着步枪的士兵站在大门口值勤。从大门口望进去，还有一些士兵正在上操，他们不约而同地放慢了脚步。

一个奇思妙想闪过脑海。

"我们去当兵吧！"聂耳突然说，"我们问问卫兵，看要不要我们。"

大家先是一愣，然后很快也回过神来，认为这倒也是一个办法，可以试一试。但是，看两个卫兵凶神恶煞地站在那里，大家又有点害怕，谁去问呢？

"咱们三个人一同上去，我来问。"聂耳说。他们一齐走向讲武堂，刚到门口，就被卫兵叫住了。

"你们是干什么的？"

"我们是来当兵的！"

一个高个子的卫兵把三个小孩从头到脚打量了一遍，板起脸来："你这几个调皮鬼，敢给老子开玩笑。咪屎点大的人当什么兵！快滚开！"他一边吼着，一边用枪吓唬他们。

兄弟三人后退了几步。聂子明说："我们真的是要来当兵的，拿不动枪，我们可以当勤务兵。"

"哼！连尿盆都抬不动，当什么勤务兵？！"卫兵继续吼着，"少啰嗦，快给老子滚开！"

无可奈何，他们只得垂头丧气地回家。

一整天没见孩子们回家吃饭的彭妈妈，正焦急得像热锅上的蚂蚁，甚至已经开始托人寻找孩子们。终于见着三个儿子回来了，她真是又喜又气，追问他们到底去了哪里。弟兄三个，一个望着一个，谁也不敢说话。最后，聂耳道出原委，彭妈妈才放下心来。

望着这么懂事的三个儿子，彭妈妈更加坚定信念，不管家里有多大难处，都要供他们把书读完。至于房租的事，天无绝人之路，已经有亲戚借给聂家一点钱，拖欠的房租已经缴了一部分，另一部分也跟房东说好，过一阵子再还。这个难关暂时算是过去了。

母亲遭意外

1920 年，聂耳将满 9 岁，马上就要初小毕业。全家都高兴，彭妈妈更是喜欢。她已经开始筹备聂耳上高小的学杂费，还有其他两个儿子上学的费用。但天有不测风云，意外又发生了。

由于长年累月的奔波操劳，忍饥挨饿，缺乏休息，彭妈妈的身体已经完全吃不消、挺不住了。有一天，她突然感到心腹一阵绞痛，一下子昏迷过去。醒来后一连十几天饮食不思、服药无效、打针不灵，病情不见好转，彻底病倒了。

亲友邻居都主动跑来帮忙，但彭寂宽的病情却愈加恶化。一阵阵心绞痛后就昏迷过去，而且一次比一次昏迷的时间更长。医生们宣告再无回天之力，可以准备后事了。

一天，彭妈妈苏醒过来，看着孩子们一个个围在自己身边痛哭。她知道自己时日不多，就对孩子说："你们不要难过，听妈妈告诉你们，我怕活不长了，对不起你们，没有把你们抚养成人。我死后，你们就只有投奔亲戚了，他们会收留你们的。长大以后，做个诚实的人，我就放心了。"

停了停，她又断断续续地讲："妈死以后，你们不要再借钱买棺材了，用一床草席子把我包起来软埋就行了。你们赶快把我背到楼下，不要让我死在楼上。"

听了妈妈的话，几个儿子更是哭得撕心裂肺。聂耳拉着母亲的手说："妈妈，你不能死！你死了，我们到哪里去呢？"彭妈妈流着眼泪，又一次昏迷过去。

一些亲友把彭妈妈背下楼来，放在临时搭起的木板床上。大家商议起如何分领认养几个孩子的事情：邻居的瞿家提出可以收养老四；峨山的三姨外婆家愿意领老三去养；还有玉溪的大姐聂兰茹家同意暂领老二去读书。至于聂耳的二姐聂蕙茹，早在前两年已作为童养媳，被男方领到外地生活。

听着议论，聂耳拉着两个哥哥的手，哭喊着："我们死也不分开，要在一起！"兄弟们抱着哭成一团。一旁的亲戚、邻居们谁都无法忍受这份凄惨，都不由自主地抹起眼泪。

就在这时，一位姓郭的老中医来到了聂家。这位郭中医是聂鸿仪生前的好朋友，听说彭寂宽病重，特地赶来看望。他仔细检查了彭寂宽的脉搏心脏后，认为这是得了一种大热病，趁呼吸还没有停止，用大凉药来治，可能还有一线希望。于是在征求亲友们的意见后，他从药包里拿出了"渣蚂莲"，让病人试服一剂。

可能是聂家的悲情感动了上天，也可能是彭妈妈遇到了神医。没有想到，在灌了药后，彭妈妈最终从昏迷中苏醒了。郭医生见病情有了转机，又继续开了几服药。连续服药后，彭妈妈竟然起死回生，慢慢好起来了。一场将要形成的悲剧就这样避免了。

玉溪游历

在整个初小的 4 年学习期间，聂耳都非常刻苦努力，各门功课年年都能取得优异成绩。

1921 年冬天，聂耳从师范附属小学初小毕业。那年假期，彭妈妈要带着孩子们回一趟玉溪老家，看望聂耳的外公外婆、爷爷奶奶。

玉 娥 郎

云南玉溪花灯调

‖: 2 3 1 6 2 ｜ 1 6 5 3 2 1 6 ｜ 6 1 2 3 2 1 6 ｜ 5　0 :‖

6 1 $\dot{1}$ 6 4 ｜ 5 6 5　0 $\dot{1}$ ｜ 6 1　3 5 3 ｜ 2 3 1 6 2 ｜

‖: 2 3 1 6 2 ｜ 1 5　5 2 ｜ 6 1 2 3 1 2 6 ｜ 5　0 :‖

他们先走水路，从昆明坐船游过滇池到昆阳县，再走山路到玉溪峨山县的外公外婆家。

山路漫漫，聂耳就采枝野花，摘一片叶子，并随口吹出了昆明流行的花灯小调。直到太阳落山之后，他们才进到玉溪坝子里。

"啦哆啦嗦，啦哆啦嗦，来来嗦咪来哆——"一首欢快的花灯小调，在树林中响了起来，大家边走边听，胆子也大了许多。

这是一首优美动听的玉溪花灯调，名字叫作《玉娥郎》，来自民间。逢年过节，乡下的民间艺人进城向各家各户拜灯时，聂耳很喜欢跟在花灯队伍后面去看去听，所以他学会了不少花灯调。

峨山是个很小的县城，聂耳的外公彭寿山家就在城内的大塘子边（现文星街 29 号），以卖糯米白酒为生。

见到从省城回来的闺女和 3 个外孙，彭寿山和老伴别提心里有多高兴了。两人一边抹着热泪，一边问长问短。爷孙三代一直谈到深夜才睡觉。

彭寿山的打扮与聂耳从小看到的大多数人有点不同：他身穿一件黑色土布的对襟上衣和一条裤管很宽的裤子。在与街坊邻居们交谈时，他有时候会讲一些让人听不懂的话。这让聂耳和哥哥们很是好奇。

于是，聂耳便跑去问妈妈："外公和外面的人讲话叽里咕噜是说些哪样？我们一句也听不懂。"

彭寂宽才头一次认真地告诉孩子们原因。原来，峨山这个地方生活着好几个民族，不仅有汉族，还有彝族、傣族等等。聂耳的外公其实是从元江迁来的傣族人，属于傣雅支系，俗称"花腰傣"。外公平时会讲 3 种话，与汉人交谈时讲汉话，与同族的人交往就讲傣话，到峨山后因为这里彝族人最多，他又学会了彝话。

　　3个孩子听了，都很惊奇，原来自己外公是个傣族人。这时，彭妈妈又接着说："你们回到玉溪和昆明，对任何人都不许讲这件事。小心别人说咱们。因为'摆夷'和彝人一样历来是被人看不起的。"的确，在旧社会，民族歧视是长期存在的社会现象。

　　聂耳的外公是个慈祥的老人。他白天总是挑着担子去卖白酒，到傍晚才能回家。听说聂耳很喜欢听音乐，一天晚上，他便拉着3个外孙到邻居家去串门。这是个彝族家庭，主人普老爹月琴弹得很好。他年轻时喜欢唱山歌，嗓子特别洪亮。他与彭寿山是老交情。

　　老艺人见到3个活泼可爱的少年来家里，心里也很高兴。他从土墙上拿下了一把龙头月琴，"叮叮咚咚"地弹奏起来。

　　老艺人和着曲子自己唱道：

　　　　可怜可怜真可怜，可怜不过出门人。
　　　　家中没有半升米，手中又无半文钱。
　　　　口渴喝点山箐水，肚饿吃块荞巴巴。
　　　　…………

　　聂耳听得入了迷。一曲听完，小脸上已经挂满了滴滴泪花。普老爹告诉他，这段曲子叫《苦情调》。喝过茶以后，普老爹转换了情绪，为他们弹奏了欢快的曲调，还唱了一段情歌。他们一直玩到深夜才回家睡觉。

　　在峨山娘家住了近十天，考虑到还要回玉溪走亲戚，很快孩子们又要上学，彭妈妈决定告别父母离开峨山。他们来到玉溪老家，住在州城北门街3号。

　　这是一幢土木结构的重檐瓦房，一共两层。房子临街有一间铺面，是聂鸿仪到昆明行医以前在玉溪为老百姓看病的诊所。铺子后面还有两间连在一起的小楼，楼下为厨房，楼上住人。聂耳的大哥大嫂就住在这里，大哥聂守拙一直在外省工作，很少回家。大嫂见婆婆领着3个兄弟回来，高兴地接待了他们。

　　一天晚上，明月高照，一群孩子在月光下玩游戏。聂耳也被邻居的孩子拉去和大伙一起玩游戏，唱儿歌。大家唱了许多当地的童谣，聂耳虽然不会唱，但他也积极参与，拍着巴掌给大家打节奏。

> 张打铁，李打铁，打把剪子送姐姐。
> 打铁打到正月正，迎神做会耍龙灯。
> 打铁打到二月二，家家户户摘蚕豆。
> 打铁打到三月三，噼噼叭叭打豆糠。
> 打铁打到四月四，处处栽秧忙夏至。
> 打铁打到五月五，菖蒲雄黄过端午。
> 打铁打到六月六，丘丘田里冒乱谷。
> 打铁打到七月七，老爹奶奶供家里①。
> 打铁打到八月八，粑粑团团献月牙。
> 打铁打到九月九，点麦种豆快点走。
> 打铁打到十月十，讨亲嫁女瞧日子。
> 打铁打到冬月冬，老人个个抱烘笼。
> 打铁打到腊月腊，杀鸡宰鸭吃嘎嘎②。

这是一首叫做《打铁歌》的童谣，按农事节令编的歌词，唱起来朗朗上口。听了两遍，聂耳就记住了。当晚睡觉前，他把这首歌记在自己的本子上。这个本子记录着许多民间歌谣，其中还有一些叫卖调，例如街上收买破衣服的叫唱声：

> 有——旧衣——烂裳——找来卖。

有卖包子的叫唱声：

> 包子趁热——了，荞糕荞包子——了。

---

① 指中元节时，把用彩纸剪成的男妇冥衣贴在家里。
② 指各种肉类。

有一天中午，聂耳正在州城街边上吃冷米线，见一个讨饭的"叫花子"来米线摊乞讨。他竹板一打，就有板有眼地唱开了：

> 奶奶家，老爹家，给碗饭吃吃。
> 给得快，发得快，你家今年发大财！
> 奶奶伸伸手，银子几百斗。
> 奶奶抬抬头，金子银子堆平楼。
> 给点饭，给点菜，你家儿子长得快。
> 给点粑粑给点肉，你家的胖猪长得二百六。

听完叫花子的快板后，摆米摊的老大妈果真倒了一碗冷米线给他。

这首《讨饭歌》让聂耳感到特别有趣，他回到家里，高兴地对三哥说："真是金窝银窝不如老家的茅草窝，今日我在街上听了一首讨饭的歌，编得实在太好了！如果不回玉溪，怕是一辈子也听不到的。"说完又从头到尾念了一遍给三哥听。

在玉溪住的短短几天，给了聂耳很大的收获。他不仅领略了故乡山河的壮美，还学习了许多民族民间音乐。

被迫转学

聂耳原本在昆明师范附属小学读书，按照惯例，应当可以直接升入本校的高小读书。但等到升学时，校长突然宣布，聂耳那一届毕业生只有参加"童子军"的，才可以直升本校高小。这让聂耳家陷入了困境。

"童子军"是国民党时期许多小学学校实行的军训制度。它要求每个在校生都必须自己买一套"军服"，配上一副皮腰带、一根麻绳、一把六开刀、一根一米长的棒棒和一块领巾；除此以外，学生还要常常在校门口轮流值班。

对这种要求，聂耳的家庭是很难满足的。那么贵的服饰，哪里有钱去买呢？虽然彭妈妈再三求情，但校长还是坚持规定，不管聂耳的学习成绩如何优秀，也没有破例将他录取。

就这样，聂耳只能被迫转学，到其他学校读书。面对这种迫不得已，彭妈妈十分理解儿子对原来学校的不舍之情，她安慰聂耳说："其实读书要靠自己，不一定在于进哪个学校。学校条件再好，自己不努力成绩也不会好的。其他学校不见得会教得比师范附小差。"

他最终选择了昆明私立求实小学。这是一所由昆明市一位热衷教育事业的开明人士筹资创办的学校，创办者叫苏鸿纲。由于没有校舍，全体师生只好借用位于市中心的孔庙来上课。学校基础条件比较差，没有操场，还缺乏各种教学设备。但是，这里的校风很好，校长和教师事业心都很强，教学非常认真负责，对学生要求也很严格。

聂耳知道这所学校成立背后的故事之后，由衷地敬佩这位创办学校的教育家，敬佩他为社会奉献的崇高精神。他决心更加勤奋地努力学习，不辜负校长、老师对自己的殷切期望。

在求实小学，聂耳是一个品学兼优的学生，因为成绩优异，他还得到了减免学杂费的待遇。在班里，聂耳被推选为班长，在学校，聂耳被推选为学生自治会会长。同学们的事，聂耳都非常热心地去做，他逐渐成了一名小小的社会活动家。

开学不久，学校租借的孔庙管理方以修缮房子为名，要求求实小学暂时迁出，等修好房子再搬进来上课。但是，当房屋修好之后，孔庙管理方却出尔反尔，不允许学校迁回了。学校多次交涉也毫无结果。无奈，苏校长只能把情况向全校师生进行说明，如果校址问题解决不了，学校最后可能会停办。

"他们这样无理，我们决不能让步，一定要把学校收回来！"面对这种情况，聂耳立即发表了自己的意见。

于是，大家推选了以聂耳为首的学生代表团，随同苏校长找管理方评理。他们又发动全体师生向教育主管部门请愿，组织学生宣传队走上昆明街头演讲、宣传，呼吁社会各界人士给予支援。聂耳负责召集组织的宣传队，活动搞得有声有色。

经过几天的斗争，全校师生和社会各界都来支持求实小学。孔庙管理方见此状况，害怕把事情闹大，将来不好收拾，只能同意把房子继续交回求实小学使用的要求。这场斗争，在求实小学师生们的共同努力下，终于取得了了不起的胜利！

这场斗争让聂耳在社会活动的组织方面得到了很大的锻炼，能力得到了很大提高。它让包括聂耳在内的青年们明白了一个道理：凡是正义的事业，只要大家团结起来奋斗，就会取得成功。

学校为了表彰聂耳在这场斗争中所发挥的积极作用，特意给他颁发了"一号褒状"。颁奖大会上，苏鸿纲校长号召全校学生都要向品学双优的聂耳学习，长大以后，争取做一个对社会有用的人。这个场景一直刻画在苏校长脑中，直到34年以后的1955年7月16日，他还在《云南日报》上写了一篇回忆文章，向广大读者介绍当时的情景。

第一件乐器

租客家的生活永远是漂泊不定的。因为现在的房东要把自家的房子收回去住，聂耳家只好再次搬迁。这一次，他们搬到了端仕街。这条街有许多大小不同的木器店，多以做桌椅板凳等常用家具为主。

一个月光皎洁的夜晚，聂耳已经做完功课，忽然隐隐约约听到一段美妙的声音从屋外传来。他连忙打开一扇窗子，趴在铺柜上仔细倾听。原来是不远处的一个木匠师傅正在吹笛。那笛声像森林中流淌出来的清泉，时而静静流淌、时而跳跃奔腾、时而激烈跌宕。聂耳听得入了神，忘掉了一切。

第二天放学后，聂耳专门跑到这间铺子门口，去看这位吹笛的木匠师傅。他大约有30岁，体格健壮，五官清秀，穿一件青布衫子，衫角撩起，别在宽宽的裤腰带上。

这位木匠师傅姓邱，老家在四川。他一边哼着四川小调，一边做活，见一个小孩子来到店前，站在门口很久，一直看他做家具，便问："娃儿，你想要点啥？"

"我想听您吹笛子。"

"哦？你怎么知道我会吹笛子呢？"

"昨天我在家里听到的。我家就在隔壁药铺。"

"哟！原来是这样。"

邱师傅觉得这个娃儿十分可爱，于是便把装在樟木盒子里的笛子拿出来给聂耳看，并告诉他白天要做功课，晚上再来听吹笛子。

认识邱师傅后，聂耳几乎每天晚上都要去听吹笛子。每当邱师傅开始吹奏时，聂耳都很仔细地观察他的每个动作，嘴唇放在笛孔的什么位置，手指起落发出什么声音，把他的指法、用气、口型都牢牢记在心里。

回到家后，聂耳向同学借来一支笛子学着吹奏。起初总是吹不响，后来终于吹响了，但吹奏歌曲时，感到又费劲，又难听。后来，在聂耳的请求下，邱师傅开始教聂耳吹笛。经过邱师傅的指点，聂耳初步掌握了笛子的吹奏技巧，再吹起来就感觉轻松且顺畅了。

学会吹笛之后，置办乐器又成了一个让聂耳苦恼的问题。向同学借来的笛子给人家还回去了，想自己买一支又没有钱，眼下的办法只能是到邱师傅那里借他的笛子练习练习，然后立刻归还。

在热闹的街区，聂耳时常见到卖竹笛的小贩子。他们把长长短短的笛子放在一个布袋里披在肩上叫卖，有时也边走边吹，用以招揽顾客。聂耳只能追在小贩身后一路倾听，看见有人买了笛子，心里很是羡慕："如果自己也有一支笛子，那该多美啊！"

这个愿望后来还真实现了。因为，聂耳得到了一笔"巨款"。那是春节时，聂耳弟兄三人都收到了亲戚和长辈们给的"压岁钱"红包。在母亲的允许下，他们把这些压岁钱集中起来，买了一支竹笛、一把胡琴和一把小三弦。

从此，弟兄三人常在一起练习合奏，一个"家庭小乐队"组建了起来。他们常常在午饭后练习，合奏的曲目有《梅花三弄》《苏武牧羊》《昭君出塞》《孟姜女》等名曲。后来，在众人的熏陶和指导下，聂耳还学会了拉二胡、弹三弦和弹月琴。

多才多艺的少年

独乐乐不如众乐乐。除了家庭内部的三人小合奏，聂耳和两个哥哥还常邀请学乐器的小伙伴们来家里一起玩。这样，"聂家小乐队"的编制就扩大了，每次合乐都非常热闹。美妙的音符常从聂耳家小药铺的门窗飘出去，引得成群的路人驻足聆听。一曲奏完，许多听众还拍手叫好，请他们再来一曲。

聂耳所在的求实小学经常举办游艺晚会，排演一些独唱、合唱、乐器合奏、双簧等小型节目，学生们的文娱生活非常丰富。聂耳和他的三哥聂叙伦都是非常活跃的文艺骨干。他受到班级的推选，参加了全校组建的"儿童乐队"。这还是一个编制比较齐全的民族小乐队，共有十几名乐手，分别演奏唢呐、笛子、二胡、三弦、月琴等好多乐器。

聂耳在乐队里主要演奏笛子，有时也弹三弦、拉胡琴。由于他对乐谱熟，掌握的乐器多，大家就推选他担任乐队指挥。他们经常排演的曲目有《苏武牧羊》《梅花三弄》《昭君和番》《木兰从军》等，还有一些当时流行的歌曲小调。每次演出都能得到热烈的掌声。

求实小学为了让学生家长和社会各界人士了解办学情况以及学生的学习成绩，会在年终考试结束以后，举办一次成绩展览会。1923 年的冬天，学校照例举办学生成绩展览会，请学生家长和各界人士参观指导。当天晚上，学校还举办了一场游艺晚会。

求实小学学生音乐团与教师的合影（1924 年）（左边持三弦者为聂耳）

有一位刚从边疆来昆明的傣族土司，作为很尊贵的客人，被邀请到学校参加展览会，他还兴致勃勃地去看小学生的演出。苏校长陪着他坐在前排，先是观看了聂耳指挥的儿童乐队演奏的迎宾曲，然后邀请他上台发表了致辞。接着就是学生代表的演讲。这时，聂耳迈着自信的脚步走上舞台，他以全校学生自治会会长的名义向全体来宾致辞。只见他并没有按照预先排演的那样，背出国文老师起草的干巴巴的词句，也没有用"之乎者也"讲些枯燥无味的老腔老调，而是用自己的家常话，流畅清晰地讲了起来：

"听说土司先生光临本校，同学们都很高兴！大家换上干干净净的衣裳到了学校，排好整整齐齐的队伍，等待贵宾到来。苏校长说，土司先生读过大学，很有知识，是一位关心贫苦娃娃读书的好心人……我们很喜欢很佩服这样的人。我们求实小学的苏校长也是一位热心平民教育的专家，他用私产办学，学费收得很低。有这样的一些好心人，是我们穷苦娃娃的幸运！"

坐在台下的苏校长，开始还真替聂耳捏了把汗。他怕聂耳讲得不顺畅。但听到这里后，他的心情放松了下来，先是点头微笑，接着掏出手帕擦去已经夺眶而出的眼泪。

"感谢土司先生的光临与厚爱，特意来参加游艺晚会。希望先生多多指教！多多支持！多多辅助！"聂耳讲完话，恭恭敬敬行了个礼。这时整个会场上响起了雷鸣般的掌声。

当天的晚会节目精彩纷呈。聂耳除了指挥儿童乐队进行演奏之外，还参加了清唱和双簧的演出。看着聂耳的表演，土司频频点头，赞不绝口，眼里闪现出惊奇、感动的目光。

他觉得能取得这样教学成绩的学校值得支持，也可能是将聂耳结束讲话时说的"多多辅助"，听成了"多多补助"的缘故，他决定为学校捐款。只见他提起毛笔，当场写下了自己的名字，为求实小学捐献了 400 块大洋。

这笔捐款对学校来说是一个很大的支持。这场演出活动也对学校的儿童乐队产生了很好的影响。后来其他社会团体和学校举办游艺晚会时，就更多地邀请儿童乐队去参加演出了。聂耳为面临经济困难的学校和他的乐队，再次作出了贡献。

第一桶金

在求实小学由高小一年级升入二年级的时候，聂家家庭经济更困难了。彭妈妈只好四处奔波借贷，聂耳也向学校申请，减免了一半的学杂费，但还是没有凑够学费。最后只好把家里唯一值钱的物品——父亲留下来的唯一纪念品、曾经送到当铺又赎回的八音钟给卖了，这才缴上学费。从此，成春堂的小药铺里，就再也没有了"叮咚叮咚"的八音钟声。

那一年的春节很快就要到了，学校放了寒假。聂耳弟兄们想着，如何利用寒假找点临时工做做，赚些钱补助家庭，以减轻母亲的负担。他们托了些亲友介绍，但一直没有找到门路。怎么办呢？最后，聂耳想出了一个"卖字"的主意，就是在临近春节时，到街边上摆个摊，给需要的人写写春联，收点代劳费。

这是唯一一个可行的切合实际的办法了。聂耳和两个哥哥，从小由父亲教写毛笔字，大楷写得较好，这对他们代写春联是个有利条件。这个主意，兄弟们都表示赞同，妈妈也同意了。他们很快就把这门"生意"张罗了起来。

他们先是分头到市区街道和郊区农村里，挨家挨户地抄写一些人家门上的对联回来。然后进行整理，按照"五字联""六字联""七字联""多字联"等不同字数，对所有的对联进行了分类。随后，他们又根据内容不同，把适合郊区农村使用和适合城市市民使用的对联，分别记在不同的纸上。这些都作为正式书写时的参考。

为了写得更快、更熟练，摆摊前几天，他们还背诵了一些常用的对联。例如"爆竹声声辞旧岁，银花朵朵庆新春。""冬去山明水秀，春来鸟语花香。"这样，他们可以提笔便写，又快又不出错。聂耳的记忆力很强，很快地就背下了许多对联内容。

出摊了。年关时节，街道上挤满了办年货的人，熙熙攘攘，十分热闹。聂家弟兄三人，在三市街边上摆下了他们的摊位。还有一些穿长衫马褂、戴老花眼镜、满脸皱纹的老先生，也摆着同样的写字摊位。

聂家弟兄三人的摊位很有特色，像一条生产流水线：聂子明主要负责写字；聂叙伦负责晾晒卷扎对联，顺便收钱；聂耳负责接待顾客。三人分工明确，工作井然有序。

刚开始的时候，路人看见三个小孩卖字，还有点犹豫，怕小孩写不好，对联买回去贴在门上难看。但试着让聂子明写了一副对联后，真真地惊讶了半天。

"唉哟！真是'人不可貌相，海不可斗量'。看不出来，一个小先生的字会写得这样板扎。好了！好了！就这样写！就这样写！"一个胖婶一边赞扬，一边从竹箩里拿出两大张折好的大红纸，让他们来写。

一位农民老伯走了过来，聂耳热情地招呼他坐下，为他耐心地讲解一副副春联的内容，帮着他挑选喜欢的句子，直到他完全满意后才开始动笔书写。

由于聂家三兄弟的"娃娃字摊"态度热忱，书写认真，交卷迅速，所以来代写的顾客越来越多。二哥聂子明写不过来了，聂耳就学着老先生的样子，把手袖一拉，也开始挥毫书写。杂事就由他三哥一人去办了。

这么小的娃娃能上街卖字写对联，是个十分难得的事，着实让市民开了眼界。小字摊吸引了许多人前来围观，顾客络绎不绝。每天从早到晚，兄弟三人总是忙个不停。

摆摊卖字的时间虽然不长，但最后算下钱来，他们还是挣了一笔不错的收入。除了能应付学校的学杂费以外，三个人每人还添置了一件雅布长衫和一些日用品。面对他们第一次用自己的劳动换来的报酬，他们真是开心极了。从此以后，他们就更加自信、自立、自强。

步入中学大门

1925 年春天，聂耳高小毕业了，面临着是否升学的问题。作为一个贫困家庭的孩子，聂耳在犹豫是否放弃学业，先去工作养家。中学的学杂费比小学要高得多，还要交食宿费，家里哪有这经济能力。但年纪小，没有文凭，找工作谈何容易……聂耳陷入了两难的困境。

他找到母校求实小学的老师，想请他帮自己拿拿主意。听完了聂耳的讲述，老师建议他说："住校食宿，不论进哪所中学，费用负担都要大一些。从你的实际情况出发，可以去报考省立十一县联合中学。这个学校主要是招收昆明和其他十个县属的学生，外县的学生必须住校，本地的学生可以走读，也可以在家里吃饭，这样就不用交纳食宿费了，我看你就报考这个学校。"

"老师您说得很对！我可以报考联合中学。但，怕考取以后，单交纳学杂费，我家里还是有很大困难。我想，升学看来是不行了，不知到什么地方才可以找点工作做？"聂耳还是想着要去打工。

"还是升学好。聂守信，你还小呐！做不了什么工作。眼光要看得远些，现在正是学习知识的好时光，只有打好基础，长大后才能为社会出力。交学杂费家里有困难，凑不够由我帮助你解决。我借给你学费钱，等家里经济宽裕时再还我，你快回去好好准备功课报名投考吧！"

聂耳被老师的亲切关怀感动得热泪盈眶，他紧紧握住老师的手，激动地说："谢谢您对我的指导与关心，我一定尽最大努力去报考联合中学，等考取后再来向您家借学杂费，有了钱，我很快就还您。"

有了升学的希望，聂耳真是太高兴了。他连蹦带跳地跑回家，把这个好消息告诉了母亲和两个哥哥，然后又跑到学校报了名。

当年，联合中学招收的人数很少，只有10个名额。原因是，学校只招收初中一年级下半学期的插班生。这样虽然可以少读半年书，但考试的要求很高。好在聂耳读高小的成绩一直是全班最好的，学习基础还算不错。他满怀信心地复习起功课来，还借了初中一年级上学期的课本请人进行了辅导，积极备考。

经过一假期从早到晚的苦思苦学，聂耳通过了严格的考试，终于被录取，成了云南省第一联合中学第九班的插班生。看着自己的学生有如此出息，求实小学的老师高兴地拿出钱借他当学杂费，让他快办完入学手续，赶紧进到联合中学读书。

聂耳是走读生，每天需要从家里到学校来回跑4趟，如果晚上有活动，则必须跑6趟。这样一来，他每天路上要花费两三个钟头。因此，总是感到时间不够用。

不论是烈日当空的夏天，还是风霜雨雪的早晨，聂耳都没有耽误过课程学习。他常常是一回家放下书包，就开始抓紧时间复习功课。不论是哪一门功课，他都一样下苦功夫钻研，不懂的地方，就向老师请教。他的成绩还和过去一样，年年都是最好。

除此之外，聂耳还特别注意加强体育锻炼，看书写字时间长了，他就做几套体操活动一下。他还很主动地帮助母亲做一些家务劳动，以减轻她的劳累程度。他的衣服鞋袜，穿过之后也都是自己去洗，不用别人操心。

第二乐章 火热的青春
（1925—1929）

——

革命种子萌芽

聂耳读中学时，正值第一次国内革命战争进入高潮阶段。全国反对帝国主义、反对军阀统治的革命群众运动迅速发展，传播各种进步思想的报刊书籍广泛印发。这一切对当时绝大多数进步青年学生的成长，产生了巨大的影响。

1925年5月上旬，上海发生了震惊全国的"五卅"惨案。上海日本纱厂的工人，为了抗议资本家无理开除工人，举行了罢工。5月15日，当工人代表们与厂方交涉时，日本的资本家蛮不讲理，竟然开枪打死了共产党员、工人顾正红，还打伤了十多个工人。

这个事件激起了上海广大工人、学生和市民的极大愤怒，他们纷纷起来声讨。让大家没有料到的是，当人们参加顾正红的追悼会时，巡捕抓走了许多参加追悼会的学生。

5月30日，两千多名上海学生举行示威游行，要求立即释放被捕人员。随后上万名群众集合在英租界南京路老闸捕房门口，高呼口号："打倒帝国主义！全中国人民团结起来！血债要用血来还！"

这时，英国巡捕再次向群众开枪屠杀，当场又打死13人，打伤数十人，逮捕150多人。这就是震惊国内外的"五卅"惨案。

紧接着，北京、天津、汉口、广州、长沙等地纷纷开始罢工、罢课、罢市，支援上海工人的斗争。云南也不例外，工人、学生、手工业者，还有部分民族工商业者都纷纷响应，在昆明成立了"五卅惨案后援会"，从政治上、经济上支援上海的罢工斗争。

在这样的社会形势下，聂耳开始思考社会问题。在进步同学的影响下，聂耳开始广泛地阅读《生活知识》《创造月刊》《东方杂志》以及创造社出版的各种进步杂志，他还特别喜爱阅读鲁迅的作品。

除此以外，他还热情投入到为反抗帝国主义暴行、支援"五卅"受难工人的宣传、募捐演出等活动中。他与同班同学孙叔明等人组成的宣传小组，深入昆明热闹市区和茶馆里演讲。

他用锅烟子把脸抹黑以后，装扮成一个小黑人，手里打着"五卅惨案后援会宣传小组"的纸旗，在茶铺里较宽的过道上"噼啪噼啪"地跳起了"踢踏舞"，引得很多人围观。掌声四起时，他便停下脚步，开始宣传演讲，号召大家捐钱支持上海工人的斗争。

他们的宣传效果很好，收到了群众的许多捐款。他们将这些捐款全都交给"五卅惨案后援会"，由他们汇往上海，支持受难的工人。

在中共云南地下党和共青团组织的领导下，云南省昆明市的大、中、小学都组织了学生自治会，开展各种工作。聂耳也积极地参加了联合中学进步师生的活动，成了各种活动的骨干力量。

这些活动大大开阔了他的政治视野，促进了他对社会问题的关注以及对学习马克思主义等革命理论的兴趣。他的作文课业中表现出对时事的关注，表达出同情劳动人民的鲜明观点。在一篇名为《近日国内罢工风潮述评》的习作中，聂耳以阶级斗争的观点分析社会矛盾，写下了"吾人欲免除罢工之患，非打破资本（产）阶级不可"的见解。

学英语

旧社会的地方学校教育是封闭且落后的。例如，虽然多数学校都设置了外语课，但基本有名无实，因为，没有好的教学条件，更没有好的师资力量。

而这时期，聂耳又对外语产生了强烈的兴趣。显然，仅完成校内规定的外语学习内容，满足不了聂耳的求知欲。因此，他每天晚上还要到一位法籍教授创办的"英语学会"以及"基督教青年会"去补习英语。

英语学会的创办人叫柏励，字希文，著名的教育家。他于1864年12月25日生于广州，父亲是法国人，曾担任法国驻上海领事署办事员。母亲是广东省高州人。柏希文8岁时去英国生活，到16岁回到中国。

柏希文会英文、法文、德文和拉丁文等好几门语言，致力于文学、历史、政治、经济、哲学等学科的学习与研究。他还曾两次去日本考察社会生活，后来在越南参加反对帝国主义殖民统治的革命斗争，被当局列为抓捕对象后，逃到广西，在蔡锷将军创办的陆军小学做教官。

辛亥革命后，任云南省都督的蔡锷特邀他来云南工作。护国之役时，蔡锷发往各国政府宣布云南独立的文书和讨伐袁世凯当皇帝的通告电文，就是柏希文用英、德、法等国文字草拟的。

柏希文在云南的东陆大学（今云南大学前身）和工业学校教授英语，同时在象眼街创办了英语学会，在武成路的浙江会馆创办了达文英语学校，他自己亲自担任教师。云南许多学校的师生都在课外来这里补习英语。学校学费收得很少，日常运转所需经费主要由社会上的富户捐助，学生代表管理。贫困生则可以完全免费学习，聂耳就是其中之一。

参加英语学会的学习活动之后，聂耳的英语水平进步很快。在很短的时间内，他就学会了拼读，可以靠查字典来阅读英语文章。在朗读原文时，他特别注意发音的准确性。为了加强记忆，他把一些单词抄在小卡片上，装在口袋里，有空就拿出来练习。

有一天下午，三哥聂叙伦放学回家，走到门口听见争吵的声音从屋里传出，而且是外国人的声音，不仅有吵架的，还有劝架的。他感到很是奇怪，不知发生了什么事情，赶紧推开大门一看，原来是聂耳在练习英语口语。他一个人扮演三个角色讲话，情景是吵架、劝架。这是他新想出来的法子，用来训练自己的口语表达能力。

聂耳在读初中的两年半中，一直坚持在英语学会学习，从初级班升入了中级班、高级班，读过《天方夜谭》《鲁滨逊漂流记》等英文作品。初中毕业时，他已经能用英语对话和写作。他 1927 年 11 月 30 日至 12 月 30 日的 14 篇寒假日记，就是完全用英文写的。

洋教师

聂耳的英语老师柏希文不仅外语教得好，而且还是一位钢琴家和音乐理论家。他颇具音乐才能，会弹钢琴，能熟练地演奏莫扎特、贝多芬、肖邦、瓦格纳等著名作曲家的名曲。认识柏希文，促使聂耳对钢琴等西洋乐器产生了兴趣。

聂耳常与老师柏希文聊天。一谈起音乐，两人有说不完的话。柏希文知道聂耳喜欢音乐，就用自己的一架钢琴教他弹奏，同时也教他学习基本乐理和欧洲音乐常识。

有一次，柏希文得了重感冒，头痛发烧，卧床不起，聂耳就请假照顾他。利用这个时间，柏希文给聂耳讲了波兰钢琴家肖邦的故事，并教聂耳用钢琴弹奏肖邦创作的乐曲《英雄波兰舞曲》。

因为这次看望病中的老师，聂耳才发现，柏希文的生活真是太简朴了。他在昆明广聚街客栈内租了一间小房屋做卧室，满屋子只摆了一张可以折叠的帆布椅子作为睡床，床上也就一块毛毯作为盖被。

在聂耳的眼里，柏希文老师是一位受人敬仰的国际主义者。他终身没有结婚，是位一无家庭、二无财产、三无宗教信仰的教育家和无神论者。他经常在课堂中讲述无神论的观点，也常讲解时政，揭露帝国主义对中国的侵略罪行。

柏希文的课，对聂耳的思想产生了很重要的影响。他为云南昆明的教育事业，无私地奉献了一生。他的全部藏书，生前都捐给了云南大学等学校的图书馆。他自置的一架钢琴，在1930年前后，又捐给了云南创办的美术学校。

1940年12月28日，柏希文老师病故于昆明，享年76岁。临终前10天，他还坚持到学校讲课。去世时，按照他的遗嘱，学生们为他穿上了中国的长衫和布鞋，由聂叙伦的岳父、爱国民主人士郑一斋先生出资，将他葬在了昆明西山的华亭寺东侧。这位伟大的国际主义者长眠于这片美丽的红土地。

师 范 生

1927年夏天，聂耳初中毕业了。那一年，他15岁。在母亲的陪伴下，聂耳假期回到老家玉溪复习功课，准备报考云南唯一的公费学校——云南省立第一师范学校。

为什么要报考这所学校？聂耳在他的日记中如实地记录了自己的想法——

Ⅰ. 我要进高师的理由。

（一）在从前的时候，哪家有一个子弟是读书的，大家都认为是光荣的。现在我们家有三个儿子，两个做事，可以供一个上进深造。

（二）省立师范学校虽然不是完全公费，但供有伙食，假使不进学校，在家还是要开伙食。计算此项伙食费，每月约计十元，四年即可省四百八十元。

（三）初入校时，所缴的费用共十六元。十元的保证金，毕业尚可退还。每年不过六元[学费]①。假使不进此校，英文是要上的，计算此项学费，每月一元，四年需要四十八元。该校所需费用四年不过二十四元，这又可省二十四元。

（四）若果不进此校，在家闲着，当然是不可能的。去做事呢，恐怕人家说年龄幼了，做事没经验、把握。假使能有合格的事，还要听候机会，并且哪天能有事还不知道。假使有了合格的事，每月不过是一二十元，除伙食零用外，哪里还有补助家庭的钱呢？

（五）进省师的外国语组，专门研究英文和选修别的科学，毕业后恐怕有出外的机会。假若不能，最低限度总有一个中学教员的职任。

（聂耳日记　1927 年七月初十）

但是，要上这所学校，又会遇到一些困难，该如何解决呢？聂耳也进行了思考，并且有了自己的答案。他在日记中接着写道：

II. 我要进高师的困难。

（一）初入校时需缴若干费用：1. 保证金十元；2. 讲义费四元；3. 体育费二元；4. 书籍费等。共计二十多元。这项费用是最初要用的，现在家庭中一文没有，哪里能缴呢？

（二）省师是一个不能通学[走读]的学校，要迁入学校寄宿，寝具当然就是一个困难问题。

---

① 方括号 [ ] 中内容为编者所增注释。全书同。

III. 我要进高师之困难解决的方法。

有了困难必要战胜，所以 [要] 有解决方法。

（一）我们家里 [经济困难] 并不是常常如此的，总有发展的一天。现在二哥考取邮局，俟有缺时，他总要来传 [通知候补者到任补缺]，最初的一个总是二哥。三哥已经入银行差不多一个月，俟学习期满即可领得薪水。所以第一个困难依我的解决法是现在和朋友处暂借一时，以后可以慢慢偿还。

（二）一个人的寝具甚为简单，垫的已经有了，盖的可以向朋友处暂借。

以上困难问题依这解决法去做，若做得到就可以进。做不到就不能进。

（聂耳日记　1927 年七月初十）

经过不懈的努力，历经三榜考试，聂耳果真考取了云南省立第一师范学校高级（中）部"外国语组"，主修英语。他的成绩非常好，在所有考生中排名第 12。得到考取的消息，全家人都为聂耳高兴。

17 条规章

进入师范学校学习的聂耳对自己要求更加严格。他在笔记本上为自己定了 17 条生活规章：

1. 每天睡眠八小时，起寝时间宜有一定。
2. 起床即行冷水摩擦或冷水浴。
3. 每日晨跑，户外散步二十分钟。
4. 每日餐前，散步二十分钟。
5. 每星期入浴两次（星期三、六）。
6. 晚餐后不宜饮茶，其他液体只宜少饮。
7. 晚餐后不宜作兴奋工作，宜安静身体，爽快精神。其适当之事为愉快之社交的娱乐法，以不费心思之游戏，静雅之音乐为相宜。

8. 在就寝二小时以前行单纯的散步及体操等。

9. 寝前宜漱口。

10. 进食前后三十分钟不宜运动。

11. 入床后不能熟眠，可于床中行呼吸法，不宜过强。

12. 入浴后宜行深呼吸。

13. 运动后不宜继续用脑，须要俟身体安静片刻后。

14. 运动后即可入浴，冷水摩擦或冷水浴。

15. 修学时宜正姿势不致疲乏。

16. 修学时若脑子不清，不妨横身椅上行一欠伸。

17. 修学时若心地不爽快，不妨就其座上行深呼吸法，并合两手互揉手掌及手颈至手尖之关节，亦可使气氛爽快，头脑敏锐也。

这些严格的规定，虽然被记录于聂耳 15 岁这一年的笔记中，但其实源于他打小就培养的自律、自立的好习惯。比如，从小就坚持的体育锻炼，还有冬天用冷水擦澡的习惯。尤其是后者，是一般人很难做到的，但聂耳却以顽强的毅力坚持了下来。

说到体育，其实聂耳热爱运动并不亚于热爱音乐。从小，聂耳就喜欢游泳、打球、郊游等体育活动。网球、足球都是聂耳常参加的运动项目。他虽然个子不高，但踢起足球来却像小豹子一样勇猛，球场上的他常常挥洒着汗水，不顾一切地奋力追球。

青年时期的聂耳曾在作文中写到他对体育的认识：

夫体育者，三育之一也。苟德育、智育俱有完美之训练，浩然之修养，而身体之健强，且能以充分之精力为学乎。

他还认为，体育事业办得好与不好，关系到国家的强盛与否：

他国有称我国为病夫者何也？乃我国多数重于闭门读书，而轻于体育故也。近数年来，国人有鉴于此，各省有体育会之组织，我滇于去岁之双十节，亦有所谓体育促进会举办焉。

17 条规章和体育锻炼，为聂耳培养了强健的体魄和坚强的意志，为他在学业的进步和事业的成功，起到了很好的保障作用。

革命风云

中学读书的日子，正赶上社会动荡、政治混乱、民生艰难的历史时期。

自辛亥革命后，唐继尧夺取了云南的军政大权，自任云南"都督"和"督军"，长达 14 年。直到 1927 年，唐继尧手下的副官、第五军军长龙云发动政变，唐才被逼下台。此后，龙云独掌军政大权。

1924 年 1 月，中国国民党在广州举行第一次全国代表大会，实行联俄联共政策，与苏联和中国共产党合作。国共双方开始第一次合作，拉开了国民革命的序幕。

1925 年 7 月 1 日，国民政府在广州成立。1926 年 7 月 9 日，国民革命军从广东起兵，开始北伐战争，革命军在长沙、武汉、南京、上海等地，先后消灭吴佩孚、孙传芳等北洋旧军阀，国民革命进入了高潮。

1926 年 11 月 7 日，中国共产党云南特别支部在昆明成立。当天，党支部在平政街节孝巷组织召开第一次党员会议。这标志着中国共产党在云南的第一个地方组织诞生。从此，云南各族人民在中国共产党的领导下，加入了新民主主义革命的伟大征程。

紧接着，1927 年，"中共云南省临时工作委员会"以及党领导的"云南妇女解放协会""昆明市总工会""教师联合会"等组织也相继成立。党领导、组织开展了工农运动、学生运动、妇女运动等革命活动，进行了反帝、反封建的革命斗争。

当时的云南省立第一师范学校是学生运动的中心。作为思想活跃的青年文艺骨干，聂耳也积极投身到革命的洪流中，经常参加游行示威和宣传活动，并进行文艺演出。他还参加了本校共青团的外围组织"读书会"的活动，不断阅读马克思的著作，并认真做摘录和读书笔记。

随着北伐战争的胜利，国共之间、国民党内左派和右派之间矛盾日益激化。1927 年 4 月 12 日，蒋介石在上海发动了"四·一二"反革命政变，大肆屠杀共产党员和爱国人士，第一次国共合作公开破裂。

紧接着，广州、南京等大城市也开始疯狂地开展"清党"大屠杀运动，昆明也不例外。很快，蒋介石就派爪牙李宗黄来"清党"。白色恐怖笼罩着整个城市。中共云南地下党的同志与反动派展开了殊死搏斗。他们发动广大的青年学生，到街头演讲宣传，揭露敌人的阴谋。

一天下午，昆明成德中学的一位学生、共青团员梁元斌，带着一个宣传小队在武成路街道上进行宣传。突然遇到一个混在听讲群众中间的特务向他开枪。只听见"叭！叭！"两声枪响，梁元斌同学倒在了地上，鲜血染红了街心。

李宗黄派特务暗杀青年学生的反革命暴行，立刻激起昆明市民的无比愤怒。事发后两小时，全市学生和群众聚集一万多人，抬着梁元斌烈士的遗体进行游行。人们一路高喊："坚决绞死李宗黄！血债要用血来还！"人人义愤填膺，要求政府惩办凶手。

第二天，昆明举行了声势浩大的群众示威游行。成千上万的学生列队到省政府门前请愿。聂耳和他的同学邓涟也在其中。两个人正在交谈，忽然有个混在学生中的特务大吼起来："军队要开枪镇压了！同学们赶快散开呀！"受到惊吓的人们立刻骚动起来，蜂拥着向街道两廊奔避。队伍像潮水般泄开，街道两旁的店铺柜台、玻璃都被踩得粉碎。聂耳身旁的邓涟，已经被蜂拥的人群推到很远的地方。

在这危急关头，15 岁的聂耳沉着镇定地站定在原地，努力不被拥挤的人群推倒。他抬起手来，一面阻止乱动的人群，一面喊道："同学们！不要慌，不要乱信流言蜚语！"这一句话点醒了同学们。大家很快安静下来。几分钟过去了，没有看到任何传言中的"开枪镇压"状况，队伍于是又重新集合起来。

邓涟回到聂耳身边，带着又惊又喜又佩服的心情，问聂耳："刚才那么险，你为什么也不避一下？"聂耳回答："怕哪样？如果军阀蛮横开枪，大不

資本主義與社會問題

在生產組織上資本家與勞働者若有區別，則勞働問題是必然發生的。諸歐洲慮史遠溯太古時代希臘羅馬已有這種階級鬥爭底痕跡，中古時代歐洲各國種種資富衝突勃發，可是當時社會問題不如今日這樣猛烈。而且實資亦不異。因為往時社會問題是農業上階級的衝突，近時社會問題是工業上階級的衝突。所以各有不同。因此在農業經濟時代的一部分地主顧去祖遺的土地，跑到都會去用他的私有財產組織工場；還有一部分自耕的農民或佃戶也到都會去做工。於是兩者就發生一種資本家與勞働者的關係和階級。資本家購買勞力，勞働者信賣勞働力。漸漸資本增加規模擴大，共同生產者一面壟斷市場。漸漸成一個較大的資本家，各佃工場都照樣的做，是在這種社會。不但我國如此，就是國際間也是這樣，他們就已形成資本主義下的大資本家，且且慢慢地吸收那些

小資本家又組織較大的工場或「……」於是資本集中，加工人天天生產底後所生產的超過需要者，於是交易漸漸冷落的，不能壅斷市場到其他，祇有受政府的援助，實行他們經濟……手段去他，國戎推歸場又來劇設工場既底壅斷，於是我國為生產起過需要的工場而倒閉的失業者，工人——又跑到這新的裏逃，漸漸增加勞働十萬之多。如是，勞働者占去社會分子的十分之八，工場裏所生產的祇有十分之二的需要。

從很工人方面著想。——減少工資，延長工作時間等等的事實就會發生。你想每個勞働者的工資很有限的，還要受資本家這樣的剝削，所以他們不得不團結起來，一致反抗然後有罷工等等的社會問題發生。

從上面來資本主義到度的結果，間接可以引起社會問題的發生，換言之，就是自由競爭與私有財產的擴張沒有限制的原故。

聂耳1928年在省立第一师范的社会科学课试卷中，论述了阶级斗争的历史和发展，资本主义生产方式与社会不可调和的矛盾等问题

了一死！我们能用一腔热血来唤醒民众，就像梁元斌烈士一样，也值了。我们的血是不会白流的。"

最终，愤怒的群众逼着云南军政要员卢汉出来给个说法，要求他答应一定追查处理，才善罢甘休。梁元斌烈士的遗体，停放在省议会大礼堂内，社会各界人士每天络绎不绝地前来告别。李宗黄最终在省政府的庇护之下，偷偷地溜走了。

《我的人生观》

实践出真知。火热的学校生活和社会实践扩宽了聂耳的视野，思想觉悟也得到了不断地提高。

1927 年，在省师读书时，聂耳写了一篇题为《我的人生观》的作文。这篇作文深刻地分析了当时的社会生活，尖锐地批判了军阀当道、恶俗横行的社会状况，甚至还提出要"打倒恶社会建设新社会"的口号。

> 恶劣的社会快要和我们有为的青年交战了——每一个人都是处在社会里的。既然人人都是在社会里过生活，当然要获得个人的生活。但是我们可以觉晓我们的自由究竟得着多少，完全是在几个军阀政客包办的手里。他们喜欢怎样完全是听便的。还有种种恶俗和许多不能适应新社会的旧礼教，仍然存在二十世纪科学时代的社会里。这些都是我们应当打倒的。换言之，就是打倒恶社会建设新社会。

在文章中，聂耳还描述了自己喜欢的专业和志向：从事工科方面的工作、搞一些艺术研究、做一个游历家。

> 我的个性是很喜欢工业。假使我有升学的机会，我希望入工科。我自己相信我稍有一点艺术天才。从我的个性去发展，所以我也要研究艺术。还有我希望做一个游历家（并不是鲁滨逊那种个人主义的思想），游历世界一周，由实地观察之所得以建设新的社会。

其实，在两年前刚刚进入联合中学上学时，聂耳就曾写过一篇类似的名为《我之人生观》的作文。那时候，聂耳的年龄还比较小，在对社会、人生的认识上，还处于一种懵懵懂懂的状态。对于人生的意义是什么？他和所有的青少年一样，心里并不完全清楚，甚至还产生了一点消极的想法。

> 人生于此，究竟为的什么？自然是：穿衣啊、吃饭啊、读书啊、升学啊、游历啊、结婚啊、病啊、死啊，不过如此而已。又问，所以要穿衣、吃饭、升学、结婚等，其终点究竟收得什么效果呢？总是不免于死——所以，人生在世还有什么兴趣呢！总括起来，人生实在是"无味"！
> ……
> 我的人生观，非是宗教家的、哲学家的，以及科学家的。不过，世界实是一个幻想，我想我们虽然一天一天过去，表面上不觉得什么，实际上还受政府和外人支配管辖。

在《我之人生观》这篇作文里，聂耳还谈到了自己最初的理想：

> 我觉得最好是等到大学毕业，去游历一转之后，对于学术有点研究，并且还有几个钱，那时我们又将如何呢？不消说，来到滇池的西山，买点极清幽的地方，或是在省外也有极静或山水清秀的，也还是可以。约得几个同志，盖点茅屋，一天研究点学问，弄点音乐。不受外人支配，也不受政府管辖，如此，岂不是就终了我的一生吗？

当时，老师读过这篇作文之后，写下一段批语："青年志望宜远大，不宜作隐逸之想。"经过两年的锻炼，聂耳思想成熟了许多，他后来自己也意识到了这一点。在第二篇作文《我的人生观》里他如是写道：

> 因环境的变迁而使人生观改变这句话对吗？对的，我认为是对的。因为在中学时候我曾经作过一篇《我之人生观》，在那时的人生观可以

说是消极的——因为受了社会和朋友的影响。但是中学毕业后，考入省师后我的人生观又是一种。

白色恐怖

1928年是白色恐怖深重的一年。反动当局在昆明成立了"清共委员会"，动用宪兵警察，罗织罪名，搜捕共产党员和进步青年。他们还在昆明翠湖旁设立了一所"文化监狱"，用于监禁革命志士。

当时，反动政府的暴力警察疯狂抓人，最多时，一天就能抓二三十人进"文化监狱"。在"宁可错杀千万、不要放过一个"的反动暴行中，许多进步师生和青年都被当作"通共"的"嫌犯"，被当局抓捕。这些人中，有的仅仅是参加了外语研习班，就被指控为"密谋集会"；有的仅仅是手里拿了一本红色封面的小说，就被认为有"赤化"嫌疑。

昆明城里，人人自危。个别贪生怕死的叛徒还出卖革命同志和组织，使一些共产党员被捕。革命陷入了最低潮的境地。

在这些被捕的人员中，有一位恩光小学的女教师，叫赵琼仙。她被捕时仅23岁。她是云南省首批加入中国共产党的党员，负责云南省妇女运动和共青团的工作。不幸的是，她被一个姓沈的叛徒出卖，落入虎口。

在"文化监狱"，共产党员赵琼仙受到了非人的折磨与蹂躏。负责审讯女牢房的是个杀人不眨眼的女特务，为了得到重赏，经常对赵琼仙进行提审。每次审问后，赵琼仙的身上都鞭痕累累，满脸是血！她甚至被捆住十指吊在房梁上拷打，直到昏死过去。但是她英勇无畏，绝不屈服。

后来，这位女共产党员被反动政府的刽子手残忍杀害了。在被公开押送至刑场的路上，她和另外两个一同被处刑的共产党员一起沿街高呼："打倒军阀！打倒国民党反动派！中国共产党万岁！"共产党员的英雄气概让围观的民众受到深刻的教育和心灵的洗礼。

聂耳和三哥聂叙伦也在人群中，他们跟随队伍一直护送革命英雄最后一程。看到三位英雄慷慨赴死的悲壮情景，聂耳忍不住泪水夺眶而出。

一阵枪响之后，三位革命烈士相继倒下，壮烈牺牲。他们是英勇无畏的共产党员陈祖武、罗采和赵琼仙。他们的姓名和英姿永远留在了云南人民的心里。

敌人的凶残突破了人们的想象，到了令人发指的地步。一名刽子手竟然把牺牲后的革命烈士赵琼仙老师的头颅割下来示众，又对着她的心窝狠狠划了几刀，把一颗血淋淋的心挖了出来。那个场景惨不忍睹。聂耳强忍眼泪，咬紧牙关，把满腔的愤怒咽到肚里。

反动派的滔天罪行激起了广大人民的无比愤怒，更让聂耳年轻的心灵受到了极大的刺激。目睹许多革命者在白色恐怖下宁死不屈、英勇就义，坚定了聂耳憎恶军阀统治、追求革命真理的决心。革命的火种，已经在他的心中燃烧。

一夜之间，聂耳似乎突然长大不少，仿佛换了一个人。每天放学，他总是哼着《国际歌》回家，也更加关心时政、关注社会了。

"济难会"

为了援救狱中的同志，中共地下党于1927年成立了秘密组织"济难会"，对入狱的同志给予物质上的帮助和精神上的鼓励，为他们恢复自由做出一切努力。聂耳在朋友郭辉南的介绍下，积极加入了党领导的"济难会"。

聂耳第一次被组织委派的任务是，以私人名义"探监"，看望一位被捕的进步人士。

这位进步人士是聂耳母校"云南省师"一位教化学课的老师，姓段，当年28岁。段老师是进步组织"新滇社"的骨干，虽然不是正式的共产党员，但也在反动派"清党"活动中被捕了，还被立即判死刑，正待执行。

聂耳毫不犹豫地接受了这个光荣而又危险的任务。他穿着一身学生装，来到"文化监狱"大门口的登记处，从容不迫地填写了自己与段老师的师生关系，希望进行探监。一开始，值班狱警拒绝了他的要求，因为被探视的是已判死刑的政治犯，性质不同普通犯人，狱警不给机会。

见此情形，聂耳只能再三说明，被关押的是他的恩师，他只是想看老师一眼，送点吃的东西就走，不会多做停留。最后，在好说歹说下，狱警终于同意了聂耳的请求。但探视的条件十分严苛，先要进行很细致的搜身，会见时讲话不能超过 5 分钟，且不能谈论政治，等等。聂耳都一一答应照办。

在严密的监视下，看守员把聂耳引进一间接见室。一会，段老师被带了进来，憔悴的面孔简直难以辨认。聂耳大声说："老师，我来看看您家。"段老师用十分惊奇的眼光望着对面这个学生，流露出一丝疑惑。

"我姓聂，是您家的学生。"知道段老师不认识自己，聂耳先做了个自我介绍。

"哦！我的学生太多了，记不清了。你怎么敢来看我？"段老师点点头说。

"段老师，我们许多同学都想念您，是他们托我来看望您家的！"聂耳安慰老师说，"我带一斤鸡蛋糕和两块银元送给老师，请您收下。"

一边说着，聂耳一边把东西交给看守检查，然后递给段老师。段老师激动得流下了眼泪，用颤抖的双手接过东西。他万万没有想到，作为一个已经判了死刑的要犯，还有学生要冒着受牵连的风险来关心看望自己。他哽咽着，一句话也说不出来，收不住的眼泪已经淌落面颊。

探视的时间到了，在看守员的大声催促下，聂耳与段老师告别。后来，在"济难会"的安排之下，聂耳又去看望过段老师两次。经过组织上多方营救，最终段老师被免去了死刑，关够期限被释放了。出狱之后，段老师几经打听，才知道冒着危险几次探监的就是聂耳。

小提琴老师

聂耳在念中小学的时候就学会了演奏笛子、二胡、扬琴、三弦等许多民族乐器，但他仍不满足，只要见到新的乐器，他都想学着演奏一下。进入师范学校后，聂耳更是勤奋好学，乐于接受各种新鲜知识。

一天，聂耳听到他家附近的一间屋子里传出了一段优美动听的小提琴声。他感到非常新奇与激动，特别想亲眼看看这位演奏者如何演奏，亲手摸摸这件好玩的乐器，若还能学会演奏它，那就太完美了。

做了一番打探后，聂耳终于得知这位小提琴的演奏者名叫张庾侯，20 多岁，是省师附属小学的一位音乐老师。他有着深厚的音乐造诣，是个知识渊博、为人正派、性格和善的好人。聂耳决定去登门拜访他。

"咚！咚！咚！"张庾侯听到敲门声打开门后，看见一个素不相识的小伙子站在门外，一时有点惊奇。没等主人发问，来访者就自报了家门："我叫聂守信，就住在您隔壁，您的小提琴拉得很好，我是特意来向您请教的。"

闻听此言，张庾侯非常高兴，热情地把聂耳迎进门来："欢迎！欢迎！我是张庾侯，请里面坐！"其实对于隔壁聂家，张庾侯并不陌生。他常常听隔壁传来民乐合奏的声音，也早想着找机会与聂耳兄弟交流一下，没想到聂耳主动找上门来，真是想到一起去了。

"我很喜欢小提琴，很想学着拉一拉，希望张老师可以教我。"

"我们一起交流。我这里有小提琴，欢迎你随时来练习。"

"那太好了，谢谢您！"

他们谈得十分投机，从音乐到学校到家庭，无所不谈。两人很快就熟络了起来。

在学习小提琴的道路上，聂耳非常勤奋刻苦。为了把琴拉好，聂耳没日没夜地练，手指头上磨出了厚厚的老茧。在张庾侯的指导之下，他进步很快，不久就可以看着五线谱演奏一些简单的世界名曲了，例如《伏尔加船夫曲》《马赛曲》《梦幻曲》和《国际歌》等。

聂耳喜欢到风景优美的地方练琴
图为1930年他在城郊著名的风景区大观楼拉琴

在与张庾侯老师学琴的那段时间，聂耳还认识了张庾侯的好朋友廖伯民。他是一位军人，担任当时滇军某师的副官。其实，张庾侯的那把小提琴是廖伯民的。认识廖伯民后，三个人时常见面，在一起讨论音乐、合奏乐曲，三人成了最亲密的好朋友。

初恋

认识张庾侯，不仅让聂耳收获了美好的音乐生活，也收获了美好的初恋。

在学琴的日子里，聂耳认识了一对袁家姐妹。她们是张庾侯的亲戚，论辈分，应该叫张庾侯"小舅爷爷"。姐姐的名字叫袁令晖，妹妹叫袁春晖。

当时，妹妹袁春晖在云南省省长唐继尧创办的"私立东陆大学"读预科班。"私立东陆大学"是现在云南大学的前身。当时能去这所学校读预科班很不容易，只有家庭条件比较好的学生才可以上得起这所学校，女生则更少，大多是名门闺秀。袁春晖家其实并非富贵人家，她是作为她堂姐的"伴读生"才进到这所学校读书的。因家庭清贫，她自己还在一所小学校兼任音乐教师。

袁春晖比聂耳小一岁，性格温和稳重，有副天生甜润的嗓子，十分爱好音乐，聂耳和她很谈得来。姐姐袁令晖也喜欢音乐，大家经常在一起吹拉弹唱。袁家两姐妹唱歌跳舞，张庾侯和聂耳则负责音乐伴奏。

除了相同的兴趣爱好，袁春晖和聂耳还有相似的身世。聂耳幼年丧父，袁家姐妹也是如此。春晖的父亲原是聂耳所在学校——省立第一师范的国文教员，可惜早已病故。春晖自幼靠母亲抚养成人，和聂耳的家庭一模一样。

既有共同的爱好，又有相似的经历，两人自然而然地产生了同命相怜的感觉，有许多知心的话可以说。他们经常在一起学习、聊天、钻研音乐，很快就成了好朋友。在自己学校有游艺晚会的时候，聂耳还邀请春晖参加演出，他们曾在一起出演《三蝴蝶》等歌舞节目。

有一次，聂耳的学校准备排演话剧《雷雨》。在剧中，聂耳准备扮演"鲁贵"，还差"四凤"这个人物没有人饰演，他就去邀请袁春晖。听到这个安排，春晖很不乐意，她嗔怪地说："我不和你演这个隔着辈分的角色，要演就演我俩相般配的角色。"

这段话，聂耳听得明明白白、真真切切。他听得出来，这是春晖发自内心的表白，透着浓浓的爱意。聂耳的脸不由得一下子通红，他低下头笑了起来，袁春晖也不好意思地笑了起来。从此，两人就走到了一起。

甜蜜时光

20世纪20年代的昆明，人们的思想意识中还普遍留存着许多封建的观念，例如看到男女生一起走道，就会指指点点，更不敢提公开恋爱。因此，聂耳和春晖两人很少在城里露面，他们即便有时从街上走过，也只能是一前一后，保持一定距离。有时，春晖想找聂耳，也只能推说，去"小舅爷爷"张庚侯家有事。

聂耳曾经去东陆大学门口等过几次春晖，被预科班的学生看到了，知道了他和春晖两人有交往。这样，一伙男生就在背后议论起来："怪诞！堂堂东陆女学生，竟看中那个又穷又酸的'稀饭生'（师范生）"。听到这种议论，袁春晖从来不当回事，照样大胆走她自己的路。

社会环境越是如此，爱情就越是显得珍贵而甜蜜。日常生活中，俩人经常是打打闹闹、说说笑笑的。春晖亲切地称呼聂耳为"聂四狗"（聂耳的外号，聂四哥的谐音），聂耳也给她取了一个别名，叫"吹吹灰"（袁春晖的谐音）。

聂耳的性格活泼而调皮，他有时会故意搞一些恶作剧来逗春晖。有一次，他握着空拳头，逗春晖说："吹吹灰，我给你个好东西吃！"等春晖伸手去接时，他却猛然地在她的手心上打一巴掌，还乐得哈哈大笑。春晖假装生气地扭过头去，聂耳赶紧上前赔不是，并拿出藏起来的松子、糖果，哄春晖开心。

虽然俩人各自学校的功课都比较紧张，他们见面的机会并不多，但只要到节假日，他们就会相约去打球、郊游。西山风景区内，华亭寺、太华寺、三清阁……都留下了二人浪漫的足迹。

那时的昆明交通还不是很方便，到西山游玩需要走一段水路。聂耳带着女友乘着渔家的小木船，并排坐着。他们望着碧波荡漾的滇池和水草中自由嬉戏的小鱼，沉浸在无比的甜蜜幸福之中。清澈的湖水美得让人忍不住想与其亲近。春晖挽起衣袖，划了划水面，又脱去鞋袜，把双脚泡在水里，一边扑打着水花，一边唱歌。

一向喜欢搞恶作剧的聂耳又动了"坏"心眼。乘春晖不注意的时候，他把她的鞋袜藏了起来。等下船时，春晖找不到自己的鞋袜，站着干着急。他知道一定是聂耳搞的鬼，就大叫起来："我不去玩了！我要回家，我要回家！"这时，聂耳嬉皮笑脸地对着她说："吹吹灰，莫急。让我来背你上岸去。"春晖故意白他一眼，很知趣地抓住聂耳的肩膀，美滋滋地让聂耳把她背上岸去。

弯弯曲曲的山路爬累了，他们就坐下来休息一会儿。这时，聂耳就拿出他的看家本领——学猪叫、学小娃娃哭、学狗打架的口技，把春晖逗得笑个不停。

到华亭寺游玩时，聂耳又玩了个"躲猫猫"。春晖一没注意，人就不见了，只留下"小春晖，吹吹灰！"的叫声在寺里回荡，急得春晖满头大汗。最后，春晖嚷着要一个人下山走了，聂耳这才从"四大金刚"塑像的身后爬了出来。带着满头满脸灰尘的聂耳，还做着鬼脸给春晖看，惹得她大笑一场。

除了西山，聂袁两人常到市外郊区河边的玫瑰花田去玩。大片大片的玫瑰花田，如同铺开的紫红色地毯，散发出一阵阵沁人心脾的浓香。他俩边走边谈，有说有笑，有时天南海北地谈理想，有时又故意南腔北调地放声高唱。这片浓香四溢的玫瑰田，给二人留下了最美好的青春记忆。

聂耳还经常把一些进步书刊带出来介绍给春晖看，并鼓励她不断进步。春晖知道聂耳参加了学生团体，很担心他的安全，经常提醒他参加各种学生运动时一定要提高警惕。

春晖家有一棵缅桂花树，花开时节，满树清香。夏天，春晖常常摘下一朵缅桂花，用棉线拴好，挂在胸前的纽扣上。聂耳也非常喜爱缅桂花，特别爱闻缅桂花散发出的清香味。

每次见面后，聂耳总是把春晖胸前挂着的缅桂花要回去，夹进各种书里，并且一直把这些花瓣带在自己身边。这些花瓣，陪伴聂耳走过了后面的人生之路。

处女作

省师是一所思想比较进步的学校，它的附属小学也办得很好：男女同校、民主管理、学生自治。教师队伍的素质较高，思想也比较开放先进。

为了树立学校良好的形象，也为了激励全校师生的上进心，老师们提出，可以给附小编一首校歌。他们举荐聂耳担任校歌的曲作者，由张庚侯老师担任词作者。

聂耳高兴地答应下来。经过一段时间的酝酿、准备，对照着张庚侯的歌词，聂耳找到了作曲的灵感。《省师附小歌》的谱曲任务终于完成了。

这首校歌是聂耳在音乐征途上的处女作。歌曲写完之后，聂耳首先拿给袁春晖审听。袁春晖提了修改意见，他进行了一次修改。然后，聂耳又将改稿交给袁春晖，请她试唱。反复修改多次，直到聂耳觉得满意后，他们才开始在学生中教唱。

这首歌充满了朝气蓬勃、奋发向上的精神，歌曲的内容饱含着满满的正能量，其中的"总理"一词，是指伟大的革命领袖孙中山先生。

省师附小校歌

激昂奋进的旋律、朗朗上口的文辞，展现出青年学子朝气蓬勃的精神气质。它鼓舞着同学们努力向上、积极作为、勇于进取。这首歌受到了全校师生的好评和欢迎。学校专门安排了学唱校歌的音乐课，由音乐老师给同学们教唱这首歌。很快，这首歌就在全校流传开了。这首处女作让聂耳的才华得到初次展示。后来，云南省图书馆出版了一本《校增刊学》，序言中，还曾专门介绍过这首歌。

但，黑暗的社会不会容忍这样进步的音乐作品。因为反动派的倒行逆施，昆明许多进步学校遭到了查封，省师附小也成了迫害对象。为了对进步教师进行清洗，反动政府专门派来一个"党棍"校长管理这个学校。他一来就禁止了一切宣传活动，这首校歌也被定性为"有赤化危险"的作品，放在被禁止传唱的歌曲名单之列。

虽然歌曲可以被禁，但群众的心声无法被禁。学校校庆那天，学生们列队进入学校礼堂时，不约而同地齐声高唱起《校歌》来。新校长赶忙严厉制止，发疯似的大声吼叫："不准唱！不准唱！"但没有一位同学理会他的吼叫，大家一直把校歌唱完才慢慢平静下来。压抑多日的情绪得到了释放。

1980 年，聂耳的侄女聂丽华同志，根据聂耳在省师时的朋友袁春晖、李同生等人的回忆，记录了这首《省师附小校歌》。

共青团员

聂耳就读的云南省立第一师范在当时是昆明学生运动的中心，国民党顽固派则挖空心思破坏学生运动。省师内部左右派之间的斗争十分激烈。其中一些有觉悟的人，都秘密地加入了中国共产党和共产主义青年团。

1927 年 8 月，聂耳也向省师的共青团组织，提出了加入中国共产主义青年团的请求。他的入团介绍人是同班同学郭跃辰，后改名叫郭辉南。他向当时共青团云南省委书记、中共党员李国柱介绍了聂耳的情况，并建议吸收聂耳为入团积极分子。

一天晚上，郭跃辰带着聂耳见到了李国柱。李国柱紧紧地握着聂耳的手说："守信同学，见到你很高兴。你的许多情况我早就听说了，你是一位好青年，你和同学们很打得拢，群众关系好，并且你还有很好的音乐天赋和表演才能，希望你更加努力，取得更大的进步！"

聂耳受到很大鼓舞，他表示说："我什么都很差，还希望您多多帮助我，我看书很少，知识很不够，请您多给指导，希望有一天能够做一个共青团员，这是我目前最大的愿望！"

李国柱同志点了点头，高兴地说："很好！你愿意参加工作，我们是非常欢迎的。"

1928 年，聂耳的入团申请书被批准了。他正式成了一名共青团员。那一年，他 16 岁。

入团后的聂耳更加勤奋，如饥似渴地追求革命真理，秘密地阅读了《共产主义 ABC》和《东方杂志》等书刊，思想上得到了很大提高。按照组织的要求，他开始参加一些革命宣传工作。

宣传工作

在严重白色恐怖的环境下开展革命宣传工作，是需要冒极大风险的。从事这项工作，需要很大的勇气和智慧。团小组的宣传活动主要是印发一些具有小报性质的传单，用来介绍工农运动、妇女运动、学生运动的情况等。这些传单都需要刻写、油印，工作比较辛苦。

团小组秘密印刷宣传资料的地点，最初在东寺街租用的一间小屋子里，后来又改到水晶宫胡佩家中。每次都是在夜深人静以后，他们才把刻好的蜡纸放在油印机上，一张一张用手赶印。天亮以前，要把印好的传单一筒筒卷好，趁邻居们还没有起身就赶紧送出去。拿到预定地点后，就有同志们前来领取分发。

聂耳勇敢而坚定地接受了这些工作。他自己想办法创造条件学习，很快就掌握了油印的全套技术，刻写的钢板字迹清晰、高效实用，深受同志们的赞扬。传单印发出来后，他和同志们还千方百计把传单散发到工厂、学校、公园、街道和居民集中的市区。

由于反动派经常派出便衣军警和特务分子到处巡查，只要稍有疏忽，就会被发现，有被抓的风险。所以，做这项工作时，必须胆大心细、有勇有谋。

聂耳是优秀的宣传工作者。他总能沉着冷静、非常机警地避开反动派的监视，十分出色地完成党团组织交给的任务。

有一次，聂耳所在的团小组接到了一个紧急的宣传活动，要在一夜之间把几百张传单都贴在学校附近的墙壁上。同志们将大部分传单贴完后，决定将剩下的几张拿到省师校内的八角亭去贴。

这是件十分困难的事情，因为八角亭人多眼杂，很容易被人发现。聂耳自告奋勇地接过这个任务。他先在传单背面涂好糨糊，粘在一只手的手心里面，然后用另一只手拿着一本书，把传单遮盖好，假装去八角亭复习功课，从容不迫、十分自然地走进八角亭。

这时八角亭里已经有许多同学在看书了。聂耳只好紧靠在亭子的一根木柱上，和对面一个同学聊起天来。这时，他把双手放到背后，一边说话，一边把传单反手贴到了柱子上。然后，又把书抬到胸前，假装看了起来。趁人不注意时，才离开亭子。聂耳出色地完成了任务。

"门当户对"

聂耳的爱情道路并不是一帆风顺。主要原因是，许多人觉得聂耳和袁春晖两人没有那么"门当户对"。

从春晖家里的情况来看，那段时间常有亲戚或熟人来找她妈妈，争相要为春晖介绍各种对象，都是有钱人家的"公子哥"。他们觉得袁家应该攀攀"高枝"，毕竟"人往高处走，水往低处流"。

他们甚至觉着，找"富二代"可以很快就解决眼下的经济困难。"只要您家同意把小春晖许给 X 家，东陆预科班和今后 4 年大学的读书费用全由 X 家负责。这样，二姑娘也不会失学。"

说起春晖已经相好的聂耳，他们则非常不看好："聂守信虽然博艺多才，人品也不错。只可惜是靠他妈开个'成春堂'小药铺为生，经济太困难。您要为女儿上学和前程考虑……"这些话句句扎心，弄得春晖母亲六神无主，不知该如何处理为好。

没有父亲的家庭，本来就没有太多依靠，加上春晖妈妈还经历过大女儿抗婚出走的教训，更加地拿不定主意。

在此之前，因为春晖姐姐袁令晖的婚事，众多亲戚熟人就曾"围攻"过春晖母亲。大家争着做媒，都想让袁家攀上有钱有势的大户。寡妇人家，经不起说道，未经女儿同意，就把她许给了一个"富二代"。得到这个消息，令晖一言未发，三天之后就突然失去踪影。只留下一张便条，说她到上海深造，找自己的前程去了。

有了前面的教训，春晖妈妈对这次小女儿的婚事，就不再敢轻易表态了。她想慢慢地说服春晖，让她放弃聂耳，找个"好人家"。

秘密参军

1928 年的冬天，是聂耳进入省师读书的第三个学期。当时，云南的政治局势动荡不安，反革命势力非常猖獗。在白色恐怖的高压之下，学生运动受到了前所未有的压制。

革命处于低潮期，革命青年的心情大多是非常苦闷的，作为共青团员的聂耳也不例外。周遭事物让人闹心，外面是否能好一些呢？他萌生了走出去看看外面世界的想法，但又苦于没有条件实现。

就在这时，11 月，驻湖南省郴州的滇军国民革命军第十六军为扩大兵源、补充兵力，以招收"学生军"的名义，到云南招兵。昆明的报名地点就设在顺城街的一个客栈里。

旧社会有句俗话叫"穷借粮，饿当兵，背时倒霉做矿工"。意思是说，人穷到了没有办法的时候，才去借粮食；饿到了没有办法的时候，才去当兵卖命；到了活不下去的时候，才会下矿井背矿。借粮、当兵、下矿，在旧社会，都是走投无路、迫不得已才干的营生。

在兵荒马乱的年代，"当兵"一定是一个十分危险的工种。虽然如此，聂耳还是动了心思。原因是，十六军这支军队比较特殊——它有一些"老乡"特色和"红色"背景。

十六军的军长叫范石生，是云南本地峨山县人。这位范军长曾与朱德一起在昆明陆军讲武堂学习，他们是同班同学，还一起参加过辛亥革命。朱德将军后来还一度率领红军与范石生部建立过反蒋统一战线，并被暂时编入第十六军。

十六军的"老乡"和"红色"标签，让当时的进步青年和学生们产生了兴趣，并寄予了希望，大家都认为它是一支有革命倾向的部队。于是，昆明城报考"学生军"的人数几天之内达到了两百多人。

而当时，中共中央为了建立革命武装，也正在开展"兵运"工作，即"变白军为红军"的"变兵活动"。其目的是，把军阀武装和地主武装变成革命武装。方法是，对国民党的军队进行革命思想教育，提高他们的政治觉悟，策动他们转投革命队伍。

根据这些情况，聂耳有了自己的主张：十六军是一支滇军部队，绝大多数人是云南子弟，军长范石生又是他外婆的老家峨山县人，算是半个老乡。这些都是自己到军中进行革命宣传鼓动工作的有利条件，可以争取尝试一下。如果不成功，自己也可以利用这个机会外出，另谋出路。

于是，他把这些个人想法向共青团组织做了汇报。中共地下党领导同志同意了他的请示。批准他和团小组组长郭跃辰、共产党员胡受之3人一起去报名参军。

因为料想家长肯定不会同意自己参军，所以3人都是悄悄地去顺城街客栈报名，秘密行动没有告诉家里任何人。聂耳的省师同学中，除了比较亲密的邓涟之外，其他人也都不知道这个消息。

通过考试和体检程序，聂耳被"学生军"录取了。同时被录取的还有胡受之同学，但他报名参军的事不小心被家里发现了，受到了坚决的阻拦，因此不能成行。郭跃辰同学因为眼睛近视被淘汰，也不能成行。所以，能去参军的，只有聂耳一人。

去湖南还需要一些盘缠。旅费已经由"学生军"负担，就是缺一些日用品和生活费，还需一点储备金以应付不时之需。聂耳找要好的同学邓涟、夏世春，借到14块云南地方的滇币，把它兑换成3块钱的法币，就准备上路了。

告别

去湖南当兵，对聂耳来说，是真正意义上的第一次外出。意味着，他从此要过背井离乡、生死不卜的生活了。也许，外面的世界很精彩，但外面的世界也充满了凶险。

想到自己就要见不到亲爱的妈妈、哥哥和小伙伴们了，聂耳心中充满了不舍。但无论如何，这条道路是自己选择的，再险再难，自己也要勇敢地面对，勇敢地闯出去。

在"学生军"要出发的前一天，聂耳思绪万千：

> 今天起床的时候，我觉得头有些晕，我居然认为我是一个病人了。我正在追思我的病源的时候，李云龙的同乡范进来，我得到了他们明天要走的消息，他请云龙和他换法币。他们那种很平淡的谈话中，使我起了极大的反应。我忽然想起了我必定要与他们一同去，云南不是我在的地方。虽然我的家庭是这样快乐，学校生活也是这样有趣，思去想来，宁肯牺牲了一切一切，甚至于牺牲了我的可爱的小朋友。我决定了，无疑了，明天一定和他们走吧！在这情绪极高的时候，我的什么病都忘却了，一鼓勇气自病床上挣起来，刚刚病饭送到我的桌前。
> ……

这天，聂耳特意从学校回了一趟家。借着生病，他假说自己回家是为了找点药吃。

> 当我回家的时候，我仍然保持我的病态，我对家里的人说我是回来找点药吃——这不过是敷衍他们罢了，其实我是回来看望我的家庭的最

后一次。我那最亲爱的母亲仍然如平常似的和她的几个女朋友弄麻将，一听见我病了，她很关心地弄药给我吃，特别地做几样我平常最好的菜。唉！或许上帝给了她一个预知，说这是我们的最后一次会面了吧。

（聂耳日记　1928 年 11 月 30 日）

聂耳平时滴酒不沾，但这次借口治病，破例饮了三杯。他故意放平心态，显出和平时一样的状态，有说有笑，似乎要更热情一些。饭后，他与两个哥哥一齐合奏了几支曲子。

临走时，聂耳有点忍不住想要向母亲告别，他轻轻拉起母亲的手说："妈妈，您家要珍重身体，我走了！"

"你要到哪里去？"彭妈妈有点惊讶地问。

"回学校去。"聂耳怕说漏嘴，赶忙解释道。

彭妈妈也不知儿子为什么有点异样，她也没多想，从衣袋里摸出一元老滇币，递给聂耳说："好久没有给你零用钱了，拿去用吧！"

聂耳装作非常高兴的样子，笑嘻嘻地接过钱，让三哥陪他去学校。聂叙伦也觉得四弟喝了些酒，需要照顾，就起身送他去学校。

路上，聂耳对叙伦讲："三哥，你要好好伺候母亲，不能让她操劳过度。我放在家里的书籍和笔记本，你要好好地保管起来，不要丢失。"

聂叙伦听了，认为只是弟弟酒后话多，也没多想，直接回应他："你放心好啦，安心读书学习。"不承想，这其实是聂耳的临别赠言。

背井离乡

聂耳回到学校收拾行李。寂寞的寝室里已然充满了极忧郁的空气。

唯一知情的朋友邓渲进来了。他手里拿了一个信封，面上写着："这是临别敬礼，敬献给我亲爱的守信永存。"里面附着一首简洁动人的诗，触动着聂耳伤感的神经。

"这就是我们最后的一面了吧！"聂耳低声地对邓渲说。他左手夹着一个布包，里面装着几件衣服。他伸出右手，紧紧握住邓渲的右手，行了一个分别礼，随后离开寝室。

转回客栈，为明早的行程再做一些准备。这家客栈正好挨着南校场。聂耳一从客栈出来，就看到南校场地上一片皎洁的月色。他不由得回想起从前和朋友们一起在翠湖游玩的明月之夜。"我的小朋友家英、文蓉，你们不能再见我了吧！不见你们的聂四哥，要离别你们实在是环境造成这样。"聂耳一边默默地说着些心里话，一边不由自主地又踱回他的学校。

学校里的灭灯号吹过了，自然的灯——月光——透过校园里参差的花木。他仰了头慢慢地跨过校园，走向寝室去，还有几间寝室在点着私灯，其中一间不是别的，就是邓涟的一间。

"怎么你又回来了？！"

"因为客栈里人挤满了，所以今晚还是回来寄宿。"这也不过是聂耳暂时敷衍的话，实在是他还想在校多留恋一晚和邓涟谈几句话。

那一晚，聂耳睡得很不踏实。因为第二天5点要起床，所以强迫自己不要再想其他事，放松精神，心里默数着一二三四，这样才让自己睡着了。

不过，一个怪梦又将聂耳惊醒。他擦亮一根火柴，借着微光看了看表，才整两点钟。聂耳看看窗外，月光洒在对面寝室的瓦屋顶上，照在天井里的柏树和几件晒着没有收的衣服上。屋里同宿舍同学的鼾声一阵接着一阵，屋外两个老鸦在屋后的大树上东西相应地叫个不歇。聂耳辗转反侧，不知捱了多长时间才迷糊地进入半睡半醒的状态。

他又点燃一根火柴，看一看表，差不多五点钟，该起床了。他翻起身，披上衣服，趿着鞋子，燃起一盏煤油灯，跑到对面的寝室外面，把老朋友邓涟叫了起来。

11月30日清晨，聂耳就要和昆明所招收的"学生军"一起，乘坐滇越铁路的火车出发了。

天还没亮，他们就往车站赶。为聂耳送行的是他最要好的同学、比他大几岁的邓涟。月光和电灯光照在街上，除了几个清道夫外，还没有行人。聂耳和邓涟并排走着，一路无言，其实都想说点什么，但又不知道说点什么好。

快到车站的时候，聂耳才开始感慨地说："生离死别的滋味，我们今天也尝到了！"

"是的。"邓涟仅应答了这一句，然后停了一会儿，有些伤感而又激情满怀地对聂耳讲："你看这明朗的月光，它表示，我们始终都是走在一条光明的大道上的，信弟你多多地想想吧！"

随着一声汽笛长鸣，聂耳与站在月台上的邓涟招手告别。

　　无情的汽笛啊！你真是不让我们再说几句吗？鸣——离别了！离别了可爱的故乡！可爱的朋友！这一去不知道是怎样茫茫的前途啊！

（聂耳日记　1928年11月30日）

此时的聂耳，不知道母亲、哥哥、朋友将如何忍受那些寻不到他、思念他的难过日子。他也不知道外面究竟是怎样一个世界。总之，他要离开自己的故乡了。

火车渐渐开快了，月台上的邓涟也有些模糊了。但是聂耳仍然回望着他的故乡。列车的车厢随着车头转了一个大弯。路旁的大树已经遮挡住了来时的路。只能看到远处几个较高一点的洋屋顶了，但他仍然回望着，一直回望着。

外面的世界

运送学生军的列车，是辆条件很差的"四等车"，可以说是又挤又臭又乱。它的车厢很窄，里面挨着车窗各放一条木板，乘客只能面对面各坐一排。与聂耳同行的四十多个学生军坐满了两节车厢。

车窗是用木头板拼成的。车厢正中间的一条走道上，还摆放着铁路公司收购的鸡鸭竹笼。它使得整个车厢都是鸡鸭粪便的味道，臭气熏天，不开木窗真让人难以忍受。但是，一旦开了木窗，火车的煤烟又往车厢里灌，也能把人呛得连气都喘不过来。这真是让人左右为难。

聂耳也顾不上管这些。他满脑子都是想象中的妈妈、哥哥和亲友们焦急找他的画面。他呆呆地盯着车窗外的景象。直到过了几个车站，他看到一切都是崭新的事物，才渐渐把他的思念暂时挤到一边去了。

火车仍然不住地向前开着。聂耳看到路旁的树木一棵一棵远去，像一个一个躺倒沉睡下去的人一般，陷入了沉思。他又看到拖着列车的火车头，像一个伟大的革命者一样，勇敢地、毫不畏惧地向前奔跑，他的脑海里又充满了新的希望。

聂耳眼里这个伟大的火车头，整整拖了十多个钟头，从一大早到下午6点，才把全部学生军拖到阿米州车站（开远火车站）。出发时披星戴月，到站时天也差不多黑完了，整整一个白天是在小火车上闷过去的。

下车的时候，学生军照例排班点名，然后被安置住进一个叫"大安旅店"的地方。晚饭后，聂耳和另外几个早上刚认识的新朋友，去一个茶铺里坐谈了好一会儿。聂耳想起自己还有一封在昆明事先写好给家里的信需要寄出，便顺路把它投入邮箱里，他们才回旅社休息。

对门旅店里的大钟响了12下，他们才完全躺下。恍惚中，聂耳看到妈妈和二哥从昆明赶到了阿米州，来抓他回家。聂耳竭力地央求妈妈能让他去参军，但他们无论如何不让聂耳走，用力紧扯着他的双臂。聂耳奋力挣开，他们又用力紧扯，拉扯了好一阵。

聂耳使出浑身解数，使劲一挣。结果，扯醒了自己。他发现刚才发生的一切，原来只是一个恶梦，还好它并没有真正发生，虽松了一口气，但已然是满头大汗。

房间里的煤油灯还在亮着，与聂耳同宿舍的其他三个人也都一齐醒了。大家以为到该起床的时候了，就都索性起来洗脸，预备吃早饭，然后继续上车赶路。

《碎煤》

冬天里的暖阳让人迷醉。12月1日用过早餐之后，学生军们在车站的月台上晒着太阳，等待搭乘8点5分开往河口的客车。这时，有一辆开往云南的货车已经启动了。

聂耳正和朋友们闲谈着。突然有个同行的人跑了过来，神色异样地说："前面出事了。铁道上辗着一个小女孩，车轮把她的两条腿都辗断了。"

这个消息激起了大家的好奇心。聂耳和几个学生军马上跑过去一看究竟。事故现场非常惨烈。聂耳在当天的日记中记录了他所看到的一幕：

> 可怜啊！从膝盖以下只见破碎破碎的骨头和血肉，简直分别不出那里是脚掌。看她的年龄只有十岁光景，看她也不知道疼痛，嘴里还叫着："你们哪个有刀或枪可以快些地把我杀死，我不愿这样受罪了。"
>
> （聂耳日记 1928 年 12 月 1 日）

据熟悉这个小女孩的路人讲：这个小姑娘大概是附近一个农民的孩子，父母非常贫穷。她来这里是为了捡碎煤炭的。

因为阿米州火车站的下一站叫小龙潭站，那是一个产煤很多的地方，有一些专门运煤的列车从那里开来。在搬运过程中会漏掉一些碎煤，人们可以去白捡。

这个小姑娘，每天都需要去小龙潭捡碎煤炭，然后拉回到阿米州卖点钱，大概每天也就几毛钱的收益。因为没有余钱支付路费，她就每天搭乘小龙潭和阿米州之间的货车往来，从来没有付过车费。

今天她照例想搭车到小龙潭。和往常一样，听见火车汽笛一响，她便提着破篮子，很熟练地跳在火车踏板上站稳。

但车还没有走远，就来了个手里拿着小红旗的安南（越南）人，二话没说，竟然一把就把她推下了火车。结果，正好把她推到了两条铁道交会点的道轨上，火车轮子吭哧地就从她的两腿上轧过去了。

围观的人们吵嚷着，叫车站赶快把这个可怜的小女孩送到医院去抢救。但一个乘务员模样的人却恶狠狠地大声嚷道："他妈的，不买票上车，死了也活该！"

大家乱哄哄议论的时候，学生军搭乘的客运火车进站了。聂耳一行只好上车，带着一阵唏嘘和对受伤小姑娘未来命运的牵挂，离开了这个地方。

这件事让聂耳心理上受到极大的刺激。在当天的日记结尾处，聂耳写下了庄严的一笔：

我打算把这小孩足断的事实，完成一篇很好的小说。

事实上，他确实践行了自己的诺言，后来他把这件事写成了一篇题为《碎煤》的短篇小说。

新兵队

列车跑了一整天才到达河口。休息了一晚，12月2日，学生军又赶往嘉宁。又是一个白天挤在车上，下午5点才到嘉宁。吃过晚饭，他们又爬上8点半开往越南海防的列车，花了3个多小时，才落脚。

学生军在越南海防停留了两个晚上和一个白天。这让聂耳和同行的伙伴们有机会看到了外面的世界："海防的汽车啊，马车啊，马路啊，美丽得不得了！"他们好像乡下人到省城似的东张西望，看个不停，还花了一毛钱，体验了一会儿骑自行车的乐趣。

到12月4日的中午，学生军搭上了一艘名为"顺康号"的大轮船。这艘船于6日出海。7日到达香港后，他们又换乘"广西大沧号"轮船开往广州，随后又改旱路，经韶州、乐昌等地，绕了一个大圈，终于在10日到达十六军的驻地——湖南郴州。

一路上，聂耳跟着队伍吃尽了苦头：环境又挤、又脏、又臭，晕船、闷热、寒冷，有同行的人差点病死，一茬接一茬的困难侵袭着他。

经过两天的整编，聂耳和其他云南同行来的学生军一样，被编入了新兵队。他们每人拿到一套制服、一顶军帽，还有油布、皮带、绑腿等等。从此，聂耳开始了"新兵"生活。

新兵队的生活更是艰苦。严冬已至，铺盖和衣服都十分单薄。每天的菜饭也不够吃，有时不得不到厨房去抢锅巴吃。"抢饭的本事不佳，只有饿饭。"刚去的一周，聂耳就足足地体验到了当兵的苦厄。在20日的日记中，他记下了"新兵队生活之片段"：

1. 听见起床号急忙爬起来。2. 点名后预备出操。3. 决定上正操或特别操。4. 到操场只希望少走几步。5. 收操时看着菜饭不敢顽皮。6. 厨房内抢食锅巴。7. 吃饭时要有计算，而举动确凿。8. 饭后清扫一次。9. 午操决定。10. 锅巴。11. 晚饭与 C 之谈话。12. 向火。[云南话"烤火"的意思] 13. 洋油灯之清扫。14. 临睡后之脚冷。

其他：1. 面盆之争执。2. 花生油巴巴糖。3. 公菜吃完后，要吃所谓左眼饭一两碗，或是抬光饭来吃斗笠中之私菜。

（聂耳日记　1928 年 12 月 20 日）

新兵每天要出操。训练时，动作稍慢一点，就要受到教官惩罚和责骂。新兵队里每天都有因忍受不了这种生活而逃跑的士兵，若是被抓着，不是活活打死也要打成残废。除了这些，新兵队每天还安排时间搞"清共"活动。

聂耳才明明白白地认识到，自己是切切实实地上了一条贼船。这个十六军，根本不是聂耳想象的革命队伍。士兵里还有派来的"暗探"，是很难防范的。想要开展"士兵运动"，根本没有条件。

新兵队每天都有逃跑的人，有一天就逃了 3 个。所有人都想着赶快找一条出路，聂耳也在想如何能摆脱眼下的困境。

录事

天无绝人之路。恰好新兵队与当地的宪兵队驻扎在一起，而宪兵队的队长正是聂耳的老相识——玉溪同乡毛本芳。之前在参加玉溪青年改进会活动时，聂耳还曾遇见过他。

此外，宪兵队还有另一个分队长叫张树义，是聂耳同行的伙伴赵江的老同学，也算是半个熟人。还有两位低级军官柳恒操、冯元庆，都是玉溪老乡。因为有老乡和旧相识的情分，这几个人都对聂耳的出路问题十分关心。

21 日，聂耳因午操时"被教训官提为特别操八字慢步"而深受打击，他"流了无数的伤心泪"。当天饭后，他与同行的两个伙伴商量，决定星期日找柳恒操和张树义帮帮忙，想办法让他逃离这里。

经过老乡们的奔走和疏通，聂耳总算于 26 日调离了新兵队。不到一个月的新兵队生活就这样结束了。他随后被调到十六军 137 团六连，当了一个文书上士，干"录事"的工作。这是一个每月只有 16 元工资的被人看不起的小职务，连伙食费都不够交，只能靠连长按月给点补贴。

待遇虽然差点，但总归比之前好多了。当文书上士，也仅是聂耳当下的权宜之计，待有机会时，他还会再找出路。

这么多天的艰难困苦，聂耳一直没有告诉家里。他上一次寄信给家里，假说自己是上军事学校了。直到这个时候，情况稍稍好转了，聂耳才写信给家里报告了他在部队的真实情况：

> 什么军事学校，完全是安慰家庭的话，简直就是来当新兵。
> ……
> 我从滇带来的三元法币，到了郴州就没有了。我没有什么嗜好，一天只消吃两顿饭也就够了，也用不着什么零钱，这请妈妈不必担心，绝不要汇钱出来给我。

为了不让妈妈担心自己的精神状态，聂耳还给她们打气。其实，他也是给自己打气：

> 你不要以为我是消极，我并不消极的。我的英勇，我的热血，还是继续地沸腾着，决意向着光明的前途上走去。

苦闷中的聂耳在十六军度过了他在外地的第一个新年和第一个春节，也度过了他的 18 岁生日。这期间，他忍受着极度的忧愁困苦和对亲人无限的思念。他不断地用文字叩问自己：路在何方？路在何方？

> 1 月 4 日
> 我已经知道我的事业，我的希望，都同冬日的积雪遇到日光消溶

了；夏日的游丝，遇到罡风飘逝了。

1月6日

以前的一切希望，现在只是投入失望的海底。

1月7日

微弱的残照，清澈的月下，妩媚的花前，作苍凉的声音，唱那乱着的歌曲。远远的海水放出寒慄的光芒来，我寄我的深愁于流水，我将我的苦闷付于清光。

……

1月10日

1. 接信之感觉。2. 出湘的动机。3. 改变环境。4. 希望：上海、江西。5. 此次的环境。6. 其余的答复。

今天春雨不住响地滴着，窗外天容黯淡，耳边风声凄厉，我静坐幽斋，思潮起伏，只觉怅然惘然！

1月26日

今天我到便所里去，经过士兵的讲堂，在黑板上发现了几个字，使我大为感动：

鸦会反哺羊跪乳，犬能守贼报主人。

父母养我几十春，不知何日报恩情。

1月31日

多雨的湖南，伴着我流泪；

卑湿的湖南，伴着我忧郁。

异乡作客原是不堪忍耐的，况且又是在这种卑污下贱的生活里——录事——更是不可多日逗留的。

我时常总是这样想：看花的时光，故乡总比客地好看，比客地来得赏心。

2月6日

Sometimes I thought about her. [我有时想念她。]

2月7日

Today is my birthday [今天是我的生日]，十八岁快在面前了。年光总不可倒流，我的青春渐渐地消蚀，斟满了少年的苦酒，在眉峰紧蹙之中，慢慢地呒吸下去。

（聂耳日记　1929 年）

之后，聂耳向部队申请到上海报考公费学校，没有获批。再后来，聂耳又通过同乡的引荐，见到了十六军的军长范石生。谈话中，范军长对聂耳产生了好感，同意保送他随军官团去黄埔军校学习。当了 4 个月兵的学生军生活终于要结束了。

广东流浪

1929 年 3 月 28 日，聂耳和十六军军官团的全体学员经过 6 天的长途旅程后，到达了繁华的广州，住进了军官学校。他被编进广州第八路总指挥部军官团，驻广州燕塘。

本想，有点奔头的生活就要开始了，但很快这个梦想就被刺破了。原因是，这所学校规定只收在职编遣的军官，聂耳是"体制外"不在编人员，虽然得到了军长范石生的保送，但他不是军官，不能被收容。

这种情形下，聂耳只能被当作遣散人员进行处理。军校给他发了 75 元的遣散费，包括 40 元旅费和 35 元一月薪金，就让他离开了。聂耳只好于 4 月 9 日搬到校外的一家旅社住下，再谋出路。

聂耳考虑过去上海考公费学校，也考虑过就报考广州的一所航空学校，但都不现实。左右为难之际，他看到一则广东戏剧研究所附属艺术学校招考公费生的讯息，于是亲自到该校探访。听到教育长鼓吹学校如何如何重视艺术理论和实践，聂耳当场就报了名，考了试，结果就被录取了。

原以为这是上天赐予的一个"彩蛋"，没想到这还是一个"坑"。

被录取的第二天，聂耳把军校给的遣散费全花了，买了一些日用品，准备住进学校长期学习。可万万没想到，这所学校培养的是戏曲演员，主科目是学唱粤剧和京剧，所谓的"艺术理论"也是指戏曲锣鼓、丝弦等知识。

当时，年轻的聂耳对现代戏剧充满了好奇，并非传统戏曲。这让聂耳很是失望，与他原本的想法相差太远了。于是，聂耳马上搬回旅社，最后决定，还是先回云南。

然而，漂泊在外的游子，孤苦一人，身无盘费，怎样才能回家呢？进退无路之际，他在泪水中向母亲写信，希望家里能帮他筹措回家的路费。

这一次又是老天爷开眼。给家里的信才寄出去，一位贵人就出现在聂耳的眼前。他是聂耳的同乡，也是一位被遣散的军官，叫阮守诚，他也住进了聂耳所在的旅社。

老乡见老乡，两眼泪汪汪。阮守诚得知聂耳的艰难处境后，对他说："你别急，你在这里等家里汇路费来，几天内是汇不来的。我明天就回昆明了，我们一块走吧！我还剩点钱，可以借给你20元法币，够用到昆明了，到家后再还给我。"

聂耳非常感动，紧紧地握着阮教官的手，连连致谢。随后，他们就一同踏上了回乡的道路。

返乡复课

6个月离家出走、"投笔从戎"的曲折经历，让聂耳对军阀、政客的恶劣行径，对他们口口声声高唱的所谓"国民革命"的虚伪性，有了十分真切的认识。

他看到，社会的现实比想象的还残酷，他知道革命的道路比预想的还要漫长。未来的中国将走向何处？自己的出路又在何方？在革命低潮期的他一时还没有办法找到明确的答案，苦闷彷徨常常侵扰着这位有志的青年。他将这些苦闷都记录在日记中。

1月21日

1. Political utterance international [国际政治论调]：国际盟会第九次毫无结果，国际新局面，英国变更历年来抑法扶德政策，德国要求裁兵，不遂后，与俄亲善。

2. Chinese-Canton communist was arrested 70 more people, two girls,

officer. [中国的广东逮捕了 70 多个共产党员、两个女孩、军官。]

3. Soldiers and policemen 30. [士兵及警察 30 人。]

2 月 14 日

无情的暴雨哟！那冰冷的雨滴，不禁地打到孤行中途的他，没有携带雨衣的他；同时又打到我忧郁的心里，惆怅不已的心里。你是不是阻碍我们前途的妖魔，是不是我们计划成败的先知？光明之神哟，请你施给我们一部分的恩惠，放给我们一线的曙光，巩固我们的意志，从黑暗的牢狱里，达到光明的彼岸。

2 月 17 日

我的希望是水中月，我的事业是镜中花。

3 月 9 日

国耻的意义：1. 帝国主义的侵略。2. 国内军阀之压迫。

（聂耳日记　1929 年）

在这苦闷无援的日子里，聂耳没有忘记学习马克思主义著作，自己打造一把认识、改造自我和世界的思想武器。他把学习心得记在了自己的日记中。

唯物史观，经济条件绝对律：人类意志的决定，是绝对受经济条件之支配。

马克思说，物质为历史的重心，唯物史观认为生产方法的变动为一切制度变动的标准。

阶级斗争：

马克思说，阶级斗争是社会进化的原因。

要有阶级斗争，社会有进化，阶级斗争是社会进化的原动力。

剩余价值：

马克思说，资本家所得的利益，是剥夺劳动者的过剩劳动产生的剩余价值。

马克思说，资本集中是资本主义自己造坟墓。

（聂耳日记　1929 年）

1929 年 5 月 6 日下午，在外漂泊了半年的聂耳重新跨进了久别的家门。已经好久都没有欢颜笑语的一家人抱在一起、哭在一起、笑在一起。

很快，聂耳回来的消息就传到了亲友耳中。大家都非常开心地赶到家里去看他，还为他举行了一个特别的欢迎晚会，表演了各种小型文艺节目。

从 1928 年 11 月 30 日离昆明去当"学生军"，到返回家中，这半年时间对聂耳教育是十分深刻的。他说："虽然理想是直线的，事实是曲线的，但我还要在探索真理的道路上，继续勇往直前地走下去！决不会因遇到困难和挫折而停止。"

几天之后，聂耳又回到了他的母校——云南省立第一师范继续读书，他又开始了他的革命活动和音乐生活。

第三乐章　革命的岁月
（1929—1932）

——

青年救济团

1929年7月11日，昆明北门街发生了一场惨绝人寰的大悲剧，江南会馆的军用火药库发生了大爆炸。

大约是下午三四点钟，轰然一声巨响，整个昆明市都被震了一下，天空中升起了一团蘑菇似的黑烟，遮天蔽日，半日无光。厚厚的浓烟被风吹了好几个小时，才慢慢散开。

城北一带，从北仓坡到北门街、青云街，顿时化为灰烬，房无立椽，椽无完瓦，死伤无辜百姓万余人，成千上万的人无家可归。

是天灾也是人祸。这个事故的发生，从根本上来说，其实是军阀混战的结果。

当时，云南各派军阀内部争斗加剧。"四·一二"反革命政变后，龙云在蒋介石的支持下，取得了对云南省的统治大权。1929年7月，原滇军军阀胡若愚、张汝骥率部队从四川打回云南，试图推翻龙云后取而代之。

龙云为了准备防守的战争，将大批火药运入城内北门街江南会馆存放。搬运途中由于火药漏撒在沿途的石板路面上，被运送火药的牛车木轮来回碾压摩擦，所以起火，并引燃了火药库，发生了爆炸。

江南会馆在城中居民住宅区。一时间，房屋被震倒的不计其数。巨大的灾难给无辜百姓的生命和财产带来极大的损害。

为了平息灾民的愤怒，龙云政府不得不临时成立一个"赈灾委员会"拨款赈灾，安抚民众。

此时，中共驻云南的地下党组织革命青年，成立了"青年救济团"，专为灾民服务。救济团主要成员是省师、省中的共青团员和进步青年学生，聂耳也是其中一员。

当时，灾民被集中安置在土主庙、关帝庙和文庙3个地方。龙云政府的"赈灾委员会"给灾民发放衣服和被盖等物资，青年救济团则协助提供灾民每日所需的粥饭。

在服务灾民的过程中，青年救济团向他们揭露了军阀混战导致火药库爆炸的真相，并鼓动他们起来向政府请愿，要求惩办罪魁祸首，并赔偿灾民的损失。

怕事情闹大，龙云政府要把3处的灾民都安置到土主庙内，集中管理。这引起了灾民的激烈抗争。

激烈抗争是不被当局容忍的。于是龙云政府开始对救济团进行迫害，说他们是"共产党"，抓了一大批人，还把省师一个学生领袖抓到昆明警察局二署，秘密关押起来。

各校学生和灾民闻讯后，将警察局二署包围起来。在成千上万群众愤怒抗议的压力下，警察局被迫当场释放了学生领袖。

好友张天虚

在革命组织"济难会"（1929年改名为"互济会"），聂耳曾经结识了一位志同道合的朋友，叫张天虚。昆明呈贡龙街人，比聂耳大一岁，原名张鹤，字友松，又名剑平。他是一名作家，一生曾用过"天虚""虚""天山"等笔名。

当时，张天虚正在东陆大学预科八班读书，也是"互济会"的重要成员之一。在革命工作中，两人成了很要好的革命战友。他们两人有许多共同的爱好，例如音乐、文学和表演。他们也经常一同参加演出和郊游活动。

那时候的聂耳正在谈恋爱，他的初恋女友叫袁春晖。有一次，这一对恋人邀请了一群好友到他们最爱去的昆明西坝玫瑰田玩，其中就包括好朋友张天虚。

那一天，玫瑰田花香袭人，风光明媚，蜂唱蝶舞，令人陶醉。聂耳与袁春晖甜蜜相依，令人羡慕。但"天有不测风云"，玩不久就下起了大雨，聂耳和春晖于是躲在同一把雨伞下避雨。

这一浪漫的场景让张天虚羡慕且感动。他回家后写了一篇题名《玫瑰田畔》的散文，并投稿给云南《民国日报》，文章很快就得到了发表。文章里，张天虚描述了这个美好的场景，并不惜溢美之词地赞扬了这对青年恋人敢于开自由恋爱风气的勇气："在封建的昆明，这是罗曼斯的奇迹。"

青年救济团赈灾期间，聂耳与张天虚，两个有共同理想的同龄革命青年，又聚合在一起，共同完成组织交给的各项任务。运送伤员、处理死者、为灾民煮饭、替灾民向政府讨说法、募捐、演讲、抗议……他俩都战斗在一起，几乎形影不离，结下了终身不渝的革命友谊。

事业与爱情

在燃烧革命圣火的青春岁月，聂耳不仅收获了纯真的友情，也享受着浪漫爱情带来的甜蜜。但要真正走进婚约，还有漫长的路要走。

聂耳与初恋女友袁春晖相爱已经有一年多的时光了。男大当婚，女大当嫁。1929 年，聂耳 18 岁时，母亲彭寂宽看出自己的儿子与春晖姑娘相处得不错，准备到女方家提亲。

其实，两年前，彭妈妈就曾在玉溪老家，为聂耳向姓郑的一户人家提过一次婚事，那个姑娘也是很好的。结果聂耳不同意。后来，人家姑娘已经到外省读书去了。

彭妈妈认为，聂耳上次已经错过一次很好的机会，非常可惜，这次可一定不能再耽误了，因此非常上心。又想到这次是聂耳自由恋爱，应该好办一些，所以心里还是有些底气。

在提亲之前，她先征求小儿子聂耳的意见："老四啊，我看你与袁家二姑娘处得很好，我也喜欢她。我想请人去她家为你提亲，你看怎么样？"

令她万万没有想到的是，聂耳立即做出了回绝。他回答说："妈，我还小，现在还不是谈婚姻问题的时候。"

"男大当婚，女大当嫁。你也不小了！可以先订了婚，以后慢慢再结婚，这有什么不好呢？"

"不！妈，我现在一事无成，谈什么婚事？！"聂耳斩钉截铁地说，"现在要考虑的是事业和前途。等将来时机成熟，再解决这个问题不迟。"

"时机成熟！人家能等着你吗？"

聂耳耐心地解释道："我现在高中还没有毕业，不管怎么样，过早地谈婚姻问题，对事业和前途肯定是会有影响的。"看妈妈不言语了，聂耳接着说："我认为，如果结了婚，再生个小孩子，那就会陷在小家庭的圈子里拔不出来，还谈什么远大的志向呢？"

彭妈妈没想到儿子拒绝当下订婚的态度是如此坚决。她知道聂耳的"牛劲儿"，强迫他服从是不可能的，因此也就不再坚持了。她缓缓说："那好吧，婚姻是你自己的事，要由你自己做主。既然你不同意，就暂时放一放吧，等以后再说好了。"

这一放，就又过了两年。

表演才能

因为音乐爱好和革命事业，聂耳结识了许多好友。除了之前认识的张庚侯、张天虚之外，还有张仓荣、廖伯民、李家鼎等。

张仓荣是一名音乐教师。他和张庚侯是同事，都在云南省立第一师范学校附属小学当老师。他和聂耳还是校友，也曾就读于云南省立第一师范学校。

廖伯民是一位音乐爱好者。他其实是云师附小张苍荣一名学生的家长，因为爱好音乐，认识了张老师。他家里买了不少乐器，例如钢琴、小提琴、曼陀铃等。除此以外，他还是一位幼儿教育家，自己创办了当时昆明市最好的全托幼儿园"生生保育园"。

聂耳、张仓荣、张庚侯经常一起开展音乐活动，有时还一起出台表演各种节目。为了给好友廖伯民创办的"生生保育园"筹集开办经费，他们还举行过一次募捐游艺晚会。几个人一起表演了《月明之夜》《葡萄仙子》等歌舞剧节目，得到许多观众特别是少年儿童的喜爱。

1929年下半年，聂耳与挚友们一起组织了"九九音乐社"，还于当年10月，参加了他所在云南省立第一师范学校新成立的戏剧研究会。在研究会里，他又认识了许多会员朋友们。他们常常一起排演有意思的中外经典戏剧作品。

因为当时男女生分校读书，男校排演话剧缺乏女演员。碰到有女主角的戏，同学们只能采用"男扮女装"的办法，否则就无法正常演出。由男生扮演女角，当时许多人都不愿意，怕被人讥笑。

但为了文艺宣传，聂耳从不推辞。他虽然个头较小，但很有表演才能，是"反串"的好演员。他曾扮演过《克拉维格》中的"玛利亚"、《抗争》中的"沈小莺"、《罗密欧与朱丽叶》中的"朱丽叶"，都是女主角。他演得惟妙惟肖、生动形象。每逢演这类戏，聂耳的好朋友袁春晖就忙着去借女子服装，有时还亲自为他化妆。

多才多艺的聂耳还会表演口技。他能学许多人说话，各种腔调都学得很像；动物的叫声也能学，特别是学猪被杀时的惨叫声，最为逼真。他的五官也特别灵活，可以煽动自己的两只耳朵，也可以只煽动其中一只，做出许多滑稽动作。他的眼睛还会表演"斗鸡眼"，像两只斗殴的公鸡一样，十分传神有趣。

除了友人的邀约及母校的演出以外，聂耳还参加过其他社会机构组织的演出，例如达文英语学校筹租基金所组织的演出，武汉水灾救济委员会所办的募捐游艺会演出，等等。

1929年省师演出《克拉维格》的剧照
（右为聂耳扮演的玛利亚）

艰苦的"想念"

日子过得很快也很丰富，一晃又过了一个新年。这一年来，聂耳的学习有了很大的进步。他的学习日程非常满，除了学校的课程之外，还有自己安排的课程。

1930 年初的日记里，聂耳用英文记录了"Class-Schedules of My Self-study[我的自修课程表]"：

The morning[早晨]

　　School lessens[学校的课程]

After breakfast[早饭后]

　　Japanese[日语]

The night[晚上]

　　Books of Social Science and Literature[社会科学及文学方面的书籍]

Before sleep[睡觉前]

　　Daily[日记]

这段时间，聂耳特别注重英语的学习。他的日记都是用英语写成。除了学校课上的英语书外，他还要学习一些课外的英语书。例如《英语会话》，读这本书的目的是"以便记忆一些会话用语"；再如《林肯传》和《英语课文》"以便记忆一些生字"；还有《英文文化纲要》等，都是聂耳列入自学计划的书目。

紧张的学习之余，聂耳还享受着与初恋女友袁春晖的爱情生活。这个时期的日记中，可以找到一些简要的记录。例如，1930 年 1 月 15 日的日记（原文为英文，以下为译文）：

晚上，天空悬挂着一个非常明亮的月亮，张君同我散步到翠湖，我有一种想法：

1.我不能够把 C 从我的"想念"里除去。

2. 我不能把 C 从我的"爱慕"中除去。

3. 若我同 C 离别，我没有把握我会同另一人好。

4. 若是我牺牲了我的想念，我不可能满足 C 的希望。

5. 其"结果"是：我艰苦地进行我的"想念"。

日记中的"C"，就是袁春晖的代号。可能受到春晖家庭的阻挠，两人的感情遇到了一些波折，聂耳才记录下这段文字。

黑名单

1929 年昆明"七·一一"火药爆炸案后，蒋介石把李宗黄派到昆明坐镇，名义上是来慰问灾民，实际是为防范和镇压革命学生。此时，"青年救济团"开始受到反动当局的注意。

不久，反动当局开始对昆明学生中的进步势力进行有计划的镇压，曾多次到省师抓走共青团员和进步学生，其中就有聂耳在省师的同学甘汝松等。

1930 年春夏之交，甘汝松和另外被捕的 7 位同志都被反动派枪杀了，青年救济团也被迫解散。

昆明处在一片白色恐怖之中。

自考入省立师范学校，聂耳就一直积极参加革命活动和文艺宣传，所以早就被学校的反动势力盯上了。1930 年春节，聂耳回玉溪演出后，同校一个叫马匡国的学生，开始在暗中监视他。当时，由于聂耳应对得当，所以没有被抓到什么把柄。

4 月 24 日晚熄灯号吹过后，一群武装宪兵突然闯进省师的学生宿舍，把 3 个青年学生抓走了，而这 3 个学生就住在聂耳隔壁房间。自此，国民党开始了省师"清党"大逮捕的行动，许多人被明着带走，还有人会莫名其妙地"失踪"。

一个星期以后，聂耳三哥聂叙伦的一位好友李同文匆匆忙忙赶到聂家。进了门向周围张望了一圈，确定家里没有其他人，才一把拉住聂叙伦的手，悄悄说："事情不好了！你要赶紧让你弟弟守信躲避一下，最好是尽快离开昆明，我得到可靠的消息，国民党要抓他了。"

仔细问来，原来是一个与聂耳一起工作的饶姓共青团员当了叛徒，向反动当局告了密，将同志出卖了。聂耳被当局列入了马上要实施抓捕的"黑名单"。

这份黑名单被昆明地方法院的院长带走，放在了自家的书桌上。这位院长的儿子李同文幸好看到这份文件，上面列着的十多个名字中，第二个就是好友的弟弟"聂守信"。为了搭救这位小兄弟，他赶紧前来告知。

与叙伦匆匆告别时，李同文非常关切地强调："千万不能让你弟弟回学校住了，估计他们近几天内就要动手了！"

情况危急，聂叙伦马上把这个消息告诉了在家的母亲和二姐，并且赶到省师，让聂耳请假回到家里。全家人共同出主意想办法。

二姐主张，让聂耳立即到玉溪去，先谋个教书的职业。但又一想，玉溪离昆明太近，也是在云南省政府控制之下，同样有被抓的风险。只能先到亲戚家暂时躲避一下，再想办法让他去外省避难。

聂叙伦提出一个方案：让聂耳跑到日本，顶替自己工作。

当时，聂叙伦在云南远东毛皮公司的日本大阪分号工作，他这次恰好在家是因为工作需要，回昆明汇报业务。他想到可以让弟弟到日本去顶替自己工作，自己则留下来照顾母亲。这个方案也可行，家人同意让他试着去说说。

逃离昆明

聂叙伦马上找到公司经理商量。遗憾的是，经理告诉他，公司因为近期在日本做的牛羊皮生意亏本，已经决定停止日本业务了，所以去日本顶替工作是没有可能了。但还有另外一条路：老板决定另外组建一个商号，从上海进香烟到昆明销售，本想派聂叙伦去上海担任会计工作，现在可以让弟弟替他去。

聂叙伦如是照办，赶快向公司提出申请。老板同意了这个请求，让聂耳顶替他三哥，到上海"云丰申庄"做财会和杂务的工作。这样，聂耳才算找到了一个逃命落脚的地方。

这一年，聂耳18岁，本该在省师毕业的那一年。

从云南逃往上海，需要经滇越铁路绕道到越南海防，再坐航船，经香港等地，才可到达。因此，须先办理出境越南的护照，并申请法国驻昆领事馆的签证。费了一些周折，直到 7 月 9 日，证件总算批下来了。家里决定第二天就让聂耳动身。

7 月 10 日，聂耳匆匆逃离昆明。此后，聂耳就要远离自己的家乡，远离亲人和故友，开始独立在外谋生了。

连续几天阴雨让昆明 7 月的早晨变得有些清冷。聂耳跟着他的三哥前往火车站，刚一进站，兄弟二人就被一个警察喊住了。接下来是全身上下被仔细地搜查，行李也被翻了一遍，没有发现任何可疑的东西。他们又被要求拿出身份证。因为有云丰申庄的聘函和过境护照，聂耳才顺利地通过了这一关。心里悬着的石头总算落地了。

几个亲近的朋友来送行，聂耳和大家一一握手告别。列车一声长鸣，缓缓起动了。聂耳带着微笑，向大家挥手告别，直到送行的人影消失，才放下摆动的手。

从此，这个 18 岁的热血青年，带着朋友的希望与亲人的嘱托，真正地离开了彩云之南这片养育他的红土地，踏上了新的万里征程。

聂耳乘火车到越南海防后转乘了去香港的轮船。7 月 16 日，聂耳乘坐的船离开越南海防，经雷州海峡，于 18 日清晨抵达香港。他在那里没有停留，换乘了另一艘船又出发了。经过 6 天航行，终于在 7 月 24 日抵达了目的地——上海。

在上海，聂耳开始了新的生活。他见到了一些老朋友，如张天虚。他与聂耳一样，因参加革命活动被当局追捕才逃亡到上海。

上海避难

聂叙伦为聂耳介绍安排的云丰申庄，设在虹口公平路附近同春里 31 号的福兴公寓内。其实，它就是一个小小采购站，全店也只有 3 个人。负责人叫段维善，是昆明"云丰"商号老板薛耕愚的妻舅，还有一位店员叫高瑞昌，是个回族人。他们的主要工作是采购上海生产的"大联珠"牌香烟，然后从邮局寄回昆明销售。

聂耳就住在采购站内。这是一间石库门房子，带有东西厢房，环境比较差。尘灰、腥臭、苍蝇、蚊子，都常驻这里。同院里还住着办杂货的福建商人，楼上楼下常常有打麻将的牌局，处处都是乱糟糟的。

初进申庄时，聂耳并没有工资，只是可以享受店里的食宿。提货、包装、邮寄、记账，都是日常的工作，杂事很多，比较繁琐，上班比较乏味且辛苦。下班后，聂耳还要自己生小煤炉做饭、做家务。

聂耳没有钱，日子过得十分艰辛。离家时母亲从亲友家借给他的一点钱，最后只剩下 8 个铜板，即便在手里捏出了汗也不敢动用。

虽然如此，聂耳也没想着就这样混日子。他总是忙里偷闲地学习。在这个小店里，他又捡起以前学过的英语和日语，认真地自学起来。在给二哥聂子明的一封信中，他这样写道：

> 二哥：请你放心吧！我虽没有钱用，这是无所谓的，我只希望我的生活能随我理想的有系统。现在我每天都在自修英、日文，但时间很少，单烧火煮饭的时间就要占一大半，还要做所谓的公事。不过我都尽量找时间，做自己的功夫。繁华的上海，藏污纳垢，您的弟弟早深深地感到。请您像以前一样的相信他，他决不会误入歧途的。

到 8 月下旬，聂耳终于有点工资挣了。他被定为"驻申稽查员"，每个月可以领到 15 元的津贴。这算是个经济上很大的转机。从此，他就有条件买一些生活必需品和自己喜爱的东西了。

他跑到商务印书馆，买了一本《日语读本》和一本《英语周刊》，又跑到群益书店，买了一本《英语小丛书》，开心极了。以后，每天晚上都可以做有意思的事情了——学外语。不管屋里的麻将声、吵架声、歌唱声有多响，他都好像听不到似的，埋头看书学习。

不仅如此，为了提升英语水平，聂耳还报了一个学习班，每周抽两三个晚上，到希平氏业余外语学校补习英语。但去了一段时间，他觉得学校讲的英语对自己没有太大帮助，于是又退了学。

一天，聂耳正在小店楼上做饭，听到一个非常熟悉的玉溪乡音呼唤自己："啊呀，守信！你让我找得好苦哟，来上海这么多日子了，还没有见到你的影子。要是再找不到你，我就无颜去见父老乡亲啦。"

他抬头一看，来人是昆明老乡郑易里，论辈分，他还算是聂耳的长辈——三哥聂叙伦的未婚妻的七叔。

郑易里也是一位革命人士。他 1924 年考取北平农业大学，1926 年东渡日本留学，在中共地下党"东京特别支部"的领导下投身革命。1928 年回国后，到云南参加地下党活动。1930 年初，云南地下党组织遭到破坏，郑易里逃到上海，与艾思奇等人筹办"生活书店"，经销进步书刊。

见到郑易里，聂耳的眼眶止不住涌出了热泪，叫了一声："老七叔！"连忙请他坐下。"见到你真高兴，许多次从大街上经过，我都睁大眼睛到处搜寻，但就是见不到你。"他乡遇故知，聂耳真想把一肚子的话倒出来。

接着，聂耳讲了他来到上海以后的情况。郑易里安慰他说："不要光看到上海黑暗和反动的一面，其实这里也是革命斗争的前沿。现在，上海左翼文化工作者正和国民党反动派的文化'围剿'做斗争，文艺团体空前团结。鲁迅、郭沫若、成方吾、田汉等这些大名家也在上海，你要逐步熟悉这里的情况，增长见识，提高自己的音乐水平，以便投身到为人民大众服务的事业中去。"郑易里的话，说得聂耳心里热乎乎、暖融融。

"今后你的事办完，就常去我那里吧！吃点家常便饭，只需添个碗加双筷子就行。同时又能见到云南的朋友，可以增加些热闹。"面对郑七叔的热情关怀，聂耳高兴地点头答应。

因为郑易里在日本留过学，日语基础很好，所以聂耳学习日语时，有不懂的问题就可以向他请教。后来，经郑易里介绍，聂耳还到另一个学习班补习日语。

文艺大众化

当时正是上海革命文化蓬勃发展的时期。聂耳除了刻苦学外语和小提琴外，还非常关心时事政治。

　　1930年8月23日，中国左翼剧团联盟在上海成立。9月初，"社联""左联""美联"、文学社、文艺研究社等10个社团在上海举行联席会议。《反对国民党摧毁文化运动宣言》和《上海革命文化团体反对帝国主义国民党摧残文化压迫思想屠杀革命民众宣言》先后在中共中央机关报《红旗日报》上发表。"上海左翼文化总同盟"也在筹备成立中。

　　然而，9月30日，反动政府便开始查封"社联""左联"、上海青年反帝大同盟、普罗诗社、中国革命互济会、无产阶级文艺俱乐部、革命学生会等进步组织，缉拿"其主谋分子"。紧接着又查封《新东方》《叛逆》《赤浪周刊》《历史唯物主义》等杂志社及出版社，焚毁进步书刊。罪名是这些书刊"宣传无产阶级革命"和"宣传共产主义"。

　　在中国共产党的领导下，"上海左翼文化总同盟"与敌人开展了艰苦卓绝的斗争。这段时间，聂耳经同乡郑易里的朋友介绍，加入了上海中共地下党所领导的进步群众组织"反帝大同盟"，再次投身到了革命的洪流之中。

　　他四处找寻进步书刊阅读。这些书刊激起他艺术创作的欲望，同时激励他思索音乐的大众化和音乐如何反映时代精神的问题。

　　他读了一本进步文艺刊物的创刊号后，热切地评价："它是站在大众化立场说话的。着实，现在我必须要这个来指导一下对音乐的正当出路。不然，自己想着有时的思想居然和社会、时代冲突起来，这是多么危险的啊！"

　　他认识到，研究和创作都必须摆脱个人无病呻吟的狭隘天地，应该向更深一层，向着新的艺术运动的道路前进。"非集团的、不能和大众接近的文艺已是过去的东西了，它是在现社会所不必须的。"他决心改变自己的研究和文艺创作的方向。

自己的琴

　　1931年2月9日，聂耳发了一笔"横财"。他帮助昆明的老朋友廖伯民和张庚侯从上海代租影片，到昆明逸乐电影院放映，因而得到了100元的酬金。

　　他把这100元分成了两半，一半汇给了母亲，一半留下来自己用。他用这点钱，实现了一个早在中学时代就梦寐以求的愿望——拥有一把自己的小提琴。

有了这把琴，聂耳像着了魔一样，从早拉到晚，夜以继日，一有空就练习。他将这把琴视为宝物，爱不释手。

> Violin[小提琴] 自然是能使人心境舒畅，当我奏起那常常呼为《Dream》[指舒曼的《梦幻曲》] 的乐曲时，虽然指头会痛，无弓法，无指法，也是够快活的了。若如没有旁的事来烦扰，我是会不吃饭，不睡觉，不分早晚地练习下去。
>
> （聂耳日记　1931 年 2 月 9 日）

聂耳在日记里高兴地写道。

在最初得到小提琴时，聂耳只是想练习练习，尽快能拉出几首好听的歌曲来。但他拉了一段时间，发现自己的练习并没有达到预期的效果。

有一天，聂耳逛书店时，见到了一本丰子恺撰写的《音乐入门》。他如获至宝，买回来很快就把它从头至尾读完了。学习后才懂得，要拉好小提琴，基本功练习是非常重要的。正如书中强调的那样，不会自由运用弓法、指法等规律，"只尽管不规则地所谓尽量练习，好听的歌曲绝不会产生的。"

这个发现，使他意识到自己练琴的"野路子"有许多问题，一时间，他感到十分懊恼和彷徨，甚至让"那洋盒盒安静放在枕旁一个多礼拜"也没有去动它一下。因为，他知道自己以前的练习是非常不得法的。

经过了几天的苦恼与思考，他又重新振奋起来。世界上任何一种事业，哪一个是一帆风顺的呢？要想突破难关，取得大的进展，非要付出艰辛的努力不可！有了这个坚定的信念和认识以后，聂耳又开始勤奋地练习。

> 不断地练习着，旧的指头硬节退去，加上了新的痛。手指分家地持弓，现在才把它合作起来。不曾用惯的小指，现在才学习运动。可怜！这些简单的方法论，素称与 Violin 为三年之友的我，现在才算真实地知道一点，忍不住又要叫我说一声"可惜"！
>
> （聂耳日记　1931 年 2 月 9 日）

聂耳自制了一个乐谱架——废旧包装箱锯开，用钉子钉好。云丰申庄的职员宿舍不够高，聂耳就在阁楼外搭起"天窗"，站在那里练习。

冬天来了，尽管刺骨的寒风吹在脸上，聂耳似乎都感觉不到。他陶醉在他的音乐中，满腔热血在优美的旋律中沸腾着。站立在寒风中专心拉琴的英姿，就像一棵青松挺立在高山。

明月歌剧社

1931 年 3 月 19 日，因为漏税瞒税购寄纸烟的事件暴露，云丰申庄被处大额罚款，宣告破产倒闭。聂耳刚就业不多久，就失业了。他很苦恼，不知何去何从。

3 月 28 日这一天，聂耳从街上走过，无意看到一则"联华影业公司音乐歌舞学校招生启事"印在一个巷口张贴着的《申报》上。于是，他特意到报亭买了那份报纸，仔细研读里面的内容：

名额：歌舞组女生 3 名，年龄 15-18 岁。

程度：中学程度，能说标准国语且习过歌舞者。

待遇：初试及格者先试习一星期，供给午晚餐。复试及格者供给膳宿，并按月津贴零用 10 元。学习 6 个月后，再定薪数。

另招收音乐组男生 3 名，年龄 15 至 22 岁，中学程度，并习过器乐或声乐能对谱奏唱者，待遇同上。

报名：即日起至本月底止。请到爱文义路（小沙渡路西）129 甲号填写报名单。

聂耳很兴奋。真是天无绝人之路，他自身的条件完全符合招生要求。于是他放下报纸，即刻就赶到报名地点，领了一张编有序号的报考证，报名应试。

联华影业公司是一家新创办（1929 年）的电影公司，既拍摄电影，也放映电影。1931 年，它合并了上海颇有名气的音乐家黎锦晖主办的"明月歌剧社"，建立了"上海联华影业公司音乐歌舞学校"。这次招生，就是为这所学校招收演员和演奏员。

"明月歌剧社"成立于 1930 年年初，它脱胎于黎锦晖创办的中国第一所训练歌舞人才的学校——中华歌舞专门学校。明月社是一个主要表演现代音乐、舞蹈、戏剧艺术的歌舞剧社，有十几名年轻歌舞演员，10 人不到的小乐队，连同其他编、创等工作人员在内，全体职员共 40 人左右。

明月歌剧社的领导者是黎锦晖，湖南湘潭人。他早年受"五四"新文化运动的影响，创作过一些进步的爱国歌曲。北伐战争时期，他创作了《同志革命歌》《欢迎革命军》和《解放歌》等优秀的革命歌曲。1928 年 5 月，黎锦晖带领他创办的明月歌剧社，先后到南亚各国巡回演出，一时轰动海内外。他被人们称为"中国儿童歌舞的鼻祖"，有十几部儿童歌舞和二十多首儿童歌曲在全国广泛传唱。

聂耳报考歌舞学校时，明月歌剧社与联华影业公司还在为合并改组事宜协商谈判。所以，聂耳报考的音乐歌舞学校，实际上还是明月歌剧社。而且，当时这个团体仍以明月歌剧社的名义对外演出。

如果真能考进明月歌剧社，对聂耳来说，不仅仅可以解决眼下的"饭碗"问题，还能跟着黎锦晖这样的音乐界"大佬"从事自己心爱的音乐工作，向许多艺术家学艺，这是非常难得的。

面试求职

1931 年 4 月 1 日下午 1 点，聂耳来到明月歌剧社招考地点。虽然已经是提前 1 个小时早早来到考场，但他发现那里已经有几十人在候考了。

面对这么多的竞争对手，他们都有着时尚靓丽、洋气十足的"艺术家范儿"，而看看自己——土里土气、一副来凑热闹的"乡巴佬"形象，聂耳的心里像揣了一只小兔子，突突直蹦。

考场就设在主任办公室。考试时间到了。一位中年男子健步走进办公室，他正是这次的主考官——明月社的负责人黎锦晖先生。他身后跟着几位老师也一同走了进去。原本叽叽喳喳的考生们，顿时安静下来。大家仔细地听着何时会叫到自己的名字。考生一个个走进去，一个个又走出来，个个脸色严肃冷峻。

"聂紫艺！"（聂耳，字紫艺）

"到！"听到自己的名字，聂耳赶紧走进办公室。

见到对面这个长相老实但有些紧张的小考生，黎锦晖微笑着说："放松些嘛，坐下吧！"

"是！老师。"

聂耳的考题，是视奏一份乐谱。一首小提琴练习曲，C调，十六分音符为主，旋律的音区较高。从技术角度来说，是中等难度的一首乐曲。

聂耳实在是太过紧张了，注意力很不集中。他拿起小提琴，手忙脚乱地拉了一通，结果出现了许多失误。

"先停停！"没有等曲子奏完，主考官就叫了停。

"你拉得太慌张了。你不要老想自己在考试，就想着这是平常的一次练习就行了。"

黎锦晖听了眼前这个小伙子刚才的演奏，虽然有些磕磕绊绊，但是运弓、按弦还是能显出几分功力。这个乐手虽然心理素质差了点，但乐感还不错。想到这里，黎锦晖心里有了数。他看着满脸通红、满头大汗的聂耳，另拿了一份乐谱给聂耳："再来一次，小伙子！"

看着主考官温和、期许的眼光，聂耳的心里不那么紧张了，他满怀信心，可以把乐曲拉好。这是一首降B调、四拍子的乐曲。聂耳拉得非常流畅，而且完整，比第一次演奏得好很多。

接着，考官们又考了聂耳另一个项目——弹钢琴。心情已经平静下来的聂耳弹得非常自如，音乐打动了所有的考官。一曲奏毕，黎锦晖带头鼓起掌来。"聂紫艺，你到本月8日，准时到这里复试！"

通过初试，聂耳高兴极了。距离复试有一周时间。聂耳对着音乐歌舞学校发的曲谱，反反复复地练了几十遍，每支曲子都练得滚瓜烂熟。

功夫不负有心人。4月8日，聂耳轻松愉快地前往音乐歌舞学校参加复试。他的出色演奏获得了考官们的好评，终于被正式录取了。他的梦想终于实现了，即将成为一名音乐歌舞学校的学员。

当天，聂耳去找刚来上海逃难的革命友人、自己的同乡张天虚，报告自己被录取的好消息。第二天，他俩又一同去找玉溪同乡郑易里报告喜讯。

小老师王人艺

4月22日，聂耳从云丰申庄小店搬到明月歌剧社集体宿舍。从此，聂耳成了明月歌剧社的一名学员。

对于一个自幼喜爱音乐歌舞的文艺青年来说，能进入这样一个非常专业的艺术团体，是值得庆幸的。况且，还是在面临失业困扰、走投无路的时候，得到这个"救命"的机会，更是幸运中的幸运。

还有一个更让人激动的方面，是能结识业界的"大佬"——黎锦晖，这位领导人正是聂耳自幼学习音乐、戏剧以来的偶像。在中学期间，他经常习演的《三蝴蝶》《月明之夜》《葡萄仙子》等儿童歌舞剧，正是由大名鼎鼎的黎锦晖创作的。如今，聂耳能见到自己的偶像，又被其赏识，别提有多兴奋了。他决心要好好学习，大干一场。

入学的第二天，社长黎锦晖召集全体新老学员近50人开会。散会后，黎锦晖把聂耳和另外一位小伙子叫到一起，说："我今天讲这么多话，是对你们青年人寄予希望。有这样好的环境，你们要努力学习，不断提高自己的艺术水平。"

"谢谢老师！"聂耳诚恳地说。

黎锦晖接着说："人艺，你是我们社的尖子人才，拉得一手好琴。从今天起，你就当聂紫艺的指导教师。拜托你了。"当着俩人的面，黎锦晖做了工作安排。

聂耳这才知道，黎社长是在给自己介绍师父。仔细询问，这位叫王人艺的小提琴师，其实与自己同岁，比聂耳还小几个月。聂耳兴奋地称这位小提琴手为"小老师"。

王人艺是黎锦晖的同乡，湖南浏阳县人。两年前来到黎锦晖的明月社。与他一起来的，还有自己的两个亲妹妹王人路、王人美。哥哥学拉小提琴，妹妹学习歌舞。现在，他们都已经是社里的"台柱子"了。

王人艺是个很有责任心的人，也很好学。他在工作的同时，还不忘精进业务，利用业余时间向一位意大利籍的小提琴教师帕杜施卡（Podushka）学习。在接受了黎锦晖交给他的任务之后，他把自己学来的技巧，毫无保留地传授给聂耳。

聂耳进入明月社之后的生活，比起之前，可以说发生了翻天覆地的变化。原来的打杂、记账小工，变成了一线的艺术工作者。每天和一大群青年男女们排练歌舞，干着自己心仪的工作，聂耳感觉日子过得很开心。

聂耳为人真诚、谦和、热情、开朗，也很聪明。歌舞班的同学，不论男女老少，都喜欢和他交往。他对待业务非常认真，每天都勤奋刻苦地按照计划坚持学习、练琴，进步非常快。

在明月社，聂耳的主要职责是在乐队中担任乐手，演奏小提琴。同时，他还要上台串演舞蹈、杂耍等节目，发挥他多才多艺的本领。除此之外，他还担负了其他一些杂务。

在最初的4个多月里，作为学员的聂耳并没有固定的薪金。除了"包吃包住"以外，只能得到一些临时性的演出津贴。直到当年9月，明月社与联华影业正式签约后，他开始有了每月25元的薪酬。

虽然自幼喜欢音乐，但在来明月社以前，聂耳并没有接受过正规的音乐教育。他比较集中地学习音乐专业知识，是在加入黎锦晖创办的明月歌剧社期间。

"聂耳"的由来

聂耳有一双非常聪慧的耳朵，对各类音乐以及各种声音都特别敏感。而且，他的表达和模仿能力也特别强，学什么像什么。大家都说，只要能从他耳朵听进去的，都能从他嘴里说出来、唱出来。

他喜欢学着别人的腔调去逗那些天真活泼的女孩子，绘声绘色，每次都把别人逗得哈哈大笑。久而久之，同班的女孩子们就不喊他报名入班时的学名"聂紫艺"了，而是给他起了一个外号，叫他"耳朵先生"。

聂耳对玉溪同乡郑易里说："他们说我姓聂是'耳'字堆成山，现在又硬把一只耳朵送我。也好，也好，四只耳朵（'聂'的繁体字'聶'）连成一串不是像一个炮筒了吗？"

"真像！真像！以后你就用它轰上几炮吧！"郑易里笑着回答。

从此之后，聂紫艺干脆给自己定名为"聂耳"。在他自用的便笺上，印上了"耳、耳、耳、耳"的标记。

在明月社学习工作的第一年中，聂耳把主要精力都用在了练琴和音乐理论学习上。

他不仅向社内负责带自己业务的"小老师"——乐队首席王人艺学习，后来还通过王老师引荐，跟王老师的老师——意大利籍私人教师帕杜施卡学习小提琴。向外籍教师学习需要支付一定的学费，每个月在课费上的开销几乎占到了工资的一半。有时聂耳也会遇到没有钱的情况，也经常不得已向人借贷或靠典当衣物维持生活，但即便如此，他也没有间断过音乐的学习。

上海是现代商贸和文化艺术都十分发达的地方。在明月社工作学习的同时，聂耳还经常去听各种音乐会。

当时，上海英租界的工部局管弦乐队每年都有若干场音乐会演出，演奏的曲目都是著名的西洋交响乐。另外，还有一些世界级的演奏家，如世界著名小提琴家海菲兹（Jascha Heifetz）来华举办的个人音乐会，以及我国著名琵琶演奏家朱荇菁举办的个人音乐会等，聂耳都去聆听，一饱耳福。

为了扩大自己的音乐视野，聂耳还找来许多唱片、音乐书籍学习。这个方式，让他逐渐对大量中外音乐名作熟悉起来，丰富了音乐知识，提高了音乐修养。

期待"新生"

明月社的工作与生活，说丰富也无聊——排练、演出、录音、试片、练琴、上课……周而复始。生活也是如此——与社里年轻小演员们一起看电影、逛马路、下馆子、聊八卦、谈闲天、玩游戏……几乎消耗了聂耳每天的一大半时间和精力。

糊里糊涂地快在这团里混了三个月了。回忆在这三个月中，竟敢把日记疏忽放弃，实在觉得有些可惜。

（聂耳日记　1931年6月29日）

聂耳在日记里反省自己的生活。

"你是就这样终了一生吗？以后想怎样？"一次，一位来访的云南老友问他。聂耳还真是无法立刻回答，内心一片纠结。他独自一人待着的时候，追问自己：

是不是一天这样疏懒下去便可了事吗？咦！快找答复吧！

（聂耳日记　1931年7月5日）

转眼，离别云南来到上海也有整整一年时间了。自己现在的状态，已经：

背驰了原定的路线……

放松了某一种中心思想的发展。

病态地、畸形地在这样一个社会讨生活，毋宁说是一种盲目的蠢动。

……

他渴望得到"新生"，期望改变现状。通过系列独自思索，他渐渐意识到：

不论你从哪条路跑，你对哲学的基础不稳定，终于是难得走通的。

……

新的脑子要随时装与新的养料，才能向着新的轨上发达。

……

脑筋若无正确思想的培养，任它怎样发达，这发达总是畸形的发达。那末一切的行为都没有稳定的正确的立足点。

（聂耳日记　1931年8月16日）

他决心通过加强读书来解决"这种饥荒"，弥补"这个缺点"。

聂耳重新振作起来。在他的影响和鼓动下，明月社成立了一个三重奏小组，坚持经常性的合奏练习，取得了显著的成绩。

即便如此，聂耳还是觉得有些不满足。一般的音乐理论学习已经不能满足他的求知欲了，他燃起了强烈的音乐创作欲望。他开始自学钢琴弹奏、和声学、作曲法等，并向黎锦晖提出学习作曲的请求，也得到了许可。

来明月社半年时间，聂耳进步飞快，在自己的日记里，他高兴地记录着学习成绩：

对于音乐的认识和技术的进步是出我意外的神速。

（聂耳日记　1931 年 12 月 31 日）

催婚

儿行千里母担忧，对于离开家的儿子，彭妈妈少不了担心。她常常给远在上海的儿子寄去家信，问长问短，问寒问暖。

有一次，聂耳收到了一封妈妈寄来的家信。信中，彭妈妈再次提起一个她挂念的话题——儿子的婚事。她希望聂耳能认真考虑考虑个人的婚姻问题。

上次与儿子正式当面提起订婚结婚的事，还是两年前在昆明的时候。那时聂耳和袁春晖正谈朋友，彭妈妈就计划给聂耳向袁家提亲，结果被聂耳以"年龄小"为由给拒绝了。

一晃两年过去了。聂耳的婚事毫无进展，彭妈妈不免有些着急。

按理说，聂耳所处的学习、工作环境，都是些与文艺相关的单位团体，聂耳肯定也接触了不少青年女性，有的还是电影明星。她们对他也都很好，有些甚至还对聂耳有追求之意。聂耳应该不难找对象才是。

但事实恰恰不如人所愿：为了革命事业和实现自己的理想，聂耳总是把精力集中在音乐学习和创作方面，没有积极为自己考虑婚姻问题。

面对妈妈的这封"催婚"家信，聂耳又一次陷入思考。他在给妈妈的回信中写道：

　　我对于我的婚姻问题似乎是一桩极平凡的事，而且是不需要在现在二十岁的我所应当去解决的事。您们记得我在家里常常发表的舆论吗？"一个人结了婚，他或她就减少了对社会上的使用性。"这话说起来虽然抽象一点，然而它也有着它的实际性。我一向总是抱着一个正当宗旨："我是为社会而生的，我不愿有任何的障碍物阻止或妨害我对社会的改造，我要在这人类社会里做出伟大的事业。"

　　话说回来吧！婚姻着实可以说是人生顶紧要的一个关键（我所说的"平凡"是不要把它看得太神秘，常常挂在心上），不能不虚心审慎；我不愿在……

　　聂耳再一次拒绝了妈妈的"催婚"。

抗日战火

　　1931年9月18日，日军大举武装入侵我国东北三省。这个事件让聂耳产生了极大的思想震动。他密切关注着战局形势的发展，关注时事报道和评论[①]。

　　"日本帝国主义的侵略，全是有准备、有计划的"，他认识到，"这是第二次世界大战必然会来的动机和导火线"。

　　当时有些报纸宣传东北事件"……不过是下级警民的冲突，日政府对中国是没有一点敌意的"。他对此论调颇为不满，日记里他愤愤不平地写道："这种不可隐蔽的事，你到如今还要来欺骗人！"

　　当时，还有人寄托于"国际联盟"来"调停"中日战端，对此痴心妄想，他嗤之以鼻："望靠谁解决都是狗屁，什么国际联盟！它不是一样的地想找饮食吃"，"狗屁'国联'说什么'不要扩大中日事态'，'望两方同时撤兵'……这叫什么话？领土被占，华军步步退让，所谓两方同时撤兵，如何撤法？"

────────────────

① 　以下引文参见1931年9月20日、9月21日、9月24日的聂耳日记。

在关心时政的同时，聂耳也不忘音乐学习。1932年1月，他开始了音乐创作的尝试，先后写过一首小提琴曲《悲歌》、两首口琴曲——《March》与《圆舞曲》。

1932年1月28日，战火烧到了上海近郊，聂耳亲眼目睹了日寇的侵略暴行。他十分同情那些受到战火摧残而逃难的同胞：

> 看了这些惨痛的景象，心里更难过起来……不知他们怎样去找一块安息的土地？

南京政府下令，将有抗日要求的十九路军调离上海。由于命令迟到，十九路军官兵并没有撤离，而是在爱国将领蒋光鼐、蔡廷锴的率领下，奋起抗敌，击毙敌军万余人。聂耳认为：

> 和日军抵抗的华军是十九路蔡廷锴的，他们曾几次被调遣赴湘、赣"剿共"，但他们死守上海。现在既有这样机会，当然只有和倭鬼干一干，要比打自己的弟兄好得多，也是他们唯一的出路。
>
> （聂耳日记　1932年1月29日）

但终因寡不敌众，十九路军被迫于3月1日撤退。日军随即占领了上海。

交战期间，聂耳积极参加了各种抗日救国活动。他几次要求与联华影业公司摄影队同去炮声隆隆的战地拍摄新闻片，但都被拒绝了。后来，他个人还是冒险到战地去拍摄了日本的军舰和飞机，为帝国主义侵略中国的历史留下了铁证。

左翼文艺

"一·二八"事变激起了上海进步人士的强烈愤慨。事变不久后的2月3日，鲁迅、茅盾、冯雪峰等43人发表《上海文化界告世界书》，7日，鲁迅等129名爱国人士又联名发表了《为日本进攻上海屠杀民众宣言》，揭露反动派的种种欺骗舆论。

帝国主义的侵略、人民的苦难、民族的危亡，以及进步人士的宣言，促使聂耳严肃地思考自己的艺术观和人生的道路。他逐步认识到，作为一个革命的艺术家，必须站在大众的立场上去创造艺术作品，表达人民的心声。

他在日记中写道：

　　着实，现在我必须要这个 [指大众化的立场] 来指导一下对音乐正当的出路，不然，自己想着有时的思想居然和社会、时代冲突起来，这是多么危险的啊!

（聂耳日记　1932 年 1 月 8 日）

强烈的时代责任感，使得聂耳跳出了为个人生活而奋斗的小天地。他在思索"怎样去做革命的音乐"，以音乐为武器去战斗，将挽救中华民族为己任，投身到劳苦大众的斗争中去。

他自问自答：

　　一天花几个钟头苦练基本练习，几年，几十年后成为一个violinist[小提琴家] 又怎样? ……能够兴奋起、可以鼓动起劳苦群众的情绪吗?

　　不对，此路不通! 早些醒悟吧! 你从前是怎样一个思想? 现在居然如此之反动!

（聂耳日记　1932 年 2 月 7 日）

1932 年 4 月，聂耳找到一个机会，专程拜访了左翼电影工作者周伯勋。两人谈了音乐、电影、戏剧创作等方面的话题。

经周伯勋介绍，聂耳第一次会见了中国左翼戏剧家联盟负责人、中共上海中央局文化工作委员会成员田汉。聂耳向田汉汇报了自己的个人简历和思想，他痛恨国民党的反动统治，对于当时音乐界的颓靡与消沉也深为不满。他仰慕共产党、寻求共产党，决心把自己的青春和才能贡献给共产党。这次谈话也使田汉终生难忘。他从思想上给了聂耳不少的鼓励，增强了聂耳与靡靡之音作斗争的决心和信心。

后来，聂耳正式加入了"中国左翼戏剧家联盟"，并参加了其下属"电影小组"所组织的各种活动。在这里，他结识了许多新的朋友，像孟君谋、司徒慧敏、沈西苓、赵铭彝、鲁史、孙瑜、郑君里、蔡楚生、史东山、任光、安娥等等。

受左翼戏剧家联盟的影响，聂耳逐渐关心起新戏剧、电影的发展和提高，艺术视野也进入了更广阔的新天地。这为他日后进入党领导下的电影摄制部门、进行电影音乐创作打下了良好的基础。

远方的思念

客居异乡的聂耳，时常思念着远方的亲人和朋友，思念着心中的爱人袁春晖。他们一起相处的甜蜜时光时时浮现在眼前。

聂耳到上海工作后，给春晖写过不少信。他希望等自己积攒了一笔钱以后，把她接出去外面学习音乐。但这种愿望一时还无法实现。

1932年，聂耳收到袁春晖从昆明寄来的一封信，信封里有一张春晖的近照。她穿着白色的上衣，黑色的裙子，还是一副朴实淡雅的打扮。原来春晖已经当上了当地的小学教师。

看到所爱之人的照片，聂耳思绪万千。他念叨着袁春晖的小名"鹂莺"，提笔在照片背面工工整整地题写了一首小诗：

> 记得你是一朵纯洁的白兰，
> 清风掠过，阵阵馨香，
> 我心如醉，
> 愿人世间常留你的芬芳。
> 记得你是一只小小的鹂莺，
> 百转千回，娇娆婷婷，
> 声声迎来阳春似锦，
> 辽阔大地，请容和我共鸣。

每逢佳节倍思亲，春节到来前，聂耳给春晖写了一封长长的信。谈理想，谈工作，憧憬两人美好的未来。洁白的信纸上画了一颗炽热的心，遥寄远方的女友。

随信又寄上一双漂亮的皮鞋。这是聂耳用节省下来的工钱，为春晖精心挑选购买的新春礼物。

"明月"的困境

20 世纪 30 年代初的上海，在反动派和帝国主义的统治下，到处都充斥着低级趣味的靡靡之音。思想不健康的电影歌曲风行一时，泛滥成灾，甚至还被编进了学校的音乐教材。对此，反动当局竟熟视无睹，不予监管，反予支持。

聂耳当时所在的明月歌剧社老板黎锦晖，为了迎合一部分小市民的情趣与爱好，创作了一些非常世俗化的歌曲，如《毛毛雨》《桃花江》等。还有一些歌舞剧，描写青年男女之间争风吃醋的恶故事，如《芭蕉叶上诗》。

这些歌舞，在战火纷飞的时代背景下，显得非常不合时宜，荒唐且无聊。有时还出现台下观众起哄，大声叫嚷要求退票的尴尬情况。

聂耳是一个正直而勇敢的热血青年，他热爱并追求真理，敢于同谬误作坚决的斗争。他进入明月社后，一直以来只能按老板的要求，从事所谓"为艺术而艺术"的歌舞演出和音乐伴奏。

时日一长，他开始对这些低级趣味的轻歌曼舞、不关心社会发展和人民真正心声的靡靡之音产生反感。他对自己在明月社所走的艺术道路有了怀疑，对当时中国歌舞界、电影界所面临的客观情况有所警惕，对生活在这些团体中青年演员的可悲命运感到忧虑和同情。

1932 年 5 月，聂耳随明月社赴武汉等地演出。面对眼前的演出任务，他自我反省：

> 算是在这里面鬼混了一年多了……音乐算是学得一点，但是对于音乐外的一切学科已经是大退而特退步了……
>
> 所谓革命新青年的我，是不是应该有这样的行动？……

时代的巨轮不住地向前飞转，现在的我，现环境的我，应该负起怎样一个使命，艰苦地干去。

（聂耳日记　1932 年 5 月 16 日）

武汉的演出很不成功。老板为了保证经济收入，每天安排 4 场演出，从下午 1 点到晚上 9 点。演职人员筋疲力尽，演员唱坏嗓子，布景服装又破又难看。演出效果非常差，问题成堆，遭到评论界的严肃批评。聂耳十分痛心，讨厌这种不死不活的生活。

前途茫茫，所谓明月，不过如此！算了吧！别想什么有望无望，另走它路吧！

……外力诱惑，防不胜防！办事人员，荒里荒唐！"明月"前途，着实悲观！

这次到汉的表演，算是绝大的失败。这失败，是必然的，是在预想中的。

报纸上也大骂起"明月"，所批评的缺点都不能给我们有半点反驳的余地。

（聂耳日记　1932 年 5 月 18 日、19 日、28 日）

"黑天使"

从武汉回到上海，聂耳和两个知心朋友对眼下的文艺乱象做了深入的探讨。他决心拿起笔，对这个现象展开批判。

他给自己起了"黑天使"和"浣玉"的笔名，在《电影艺术》杂志上发表了《下流》《和〈人道〉的编导者的对话》《十九路军一兵士》《评黎锦晖的〈芭蕉叶上诗〉》等文章。

其中，以"黑天使"为笔名发表的《中国歌舞短论》（载《电影艺术》第一卷第三期 1932 年 7 月 22 日）一时名声大噪，成为著名的文艺战斗性短文。在文章中，聂耳对黎派歌舞进行了剖析，尖锐地批评了那种"为歌舞而歌舞"的观点，批判了"香艳肉感，软豆腐"式的消极艺术作品。

　　说到中国的歌舞，不免想起创办这玩意儿的鼻祖：黎锦晖，不怕苦，带领一班红男绿女东奔西跑，国内国外，显了十几年的软功夫，佩服！佩服！

　　香艳肉感，热情流露，这便是十几年的所谓歌舞的成绩。

　　口口声声唱的是艺术，是教育；然而，那么一群——表演者——正是感着不可言状的失学之苦，什么社会教育？儿童教育？唉！被麻醉的青年儿童，无数！无数！

聂耳并未对黎锦晖全盘否定，认为他还是有许多值得珍视的东西，例如反封建的元素。他认为时代已经不同，靡靡之音已经没有生命，并诚挚地奉劝黎锦晖"改变作风"，要在"斗争中找到社会的进步"，而斗争"需要真刀真枪的硬功夫"。

　　黎锦晖的作品当中，并非全是一塌糊涂。有的却带有反封建的元素，也有的描写出片面的贫富阶级悬殊；然而，我们需要的不是软豆腐，而是真刀真枪的硬功夫！你想，资本家住在高楼大厦享其福，工人们汗水淋漓地在机械下暗哭，我们应该取怎样的手段和去寻求一个劳苦大众的救世主？！

聂耳希望黎锦晖的创作能向群众深入，要找到新鲜的材料，创造新鲜的艺术，走时代的大路。

　　今后的歌舞，如果仍是为歌舞而歌舞，那末，根本莫想踏上艺术之途！再跑几十年也罢！还不是嘴里进，屁股里出？

　　贫富的悬殊，由斗争中找到社会的进步，这事实，谁也不能掩护。暧哟哟！亲爱的创办歌舞的鼻祖哟！你不要以为你有反封建的意识便以为满足！你不听见这地球上，有着无穷的一群人在你周围呐喊，狂呼！

你要向群众深入，在这里面，你将有新鲜的材料，创造出新鲜的艺术。喂！努力！那条才是时代的大路。

聂耳这些言论，不仅是讲给黎锦晖，实际上也是讲给自己，是他开始革命音乐创作、开始走自己创作之路的宣言。

复杂的情绪

"黑天使"的文章迅速在明月社引起轩然大波。黎锦晖让他兄弟黎锦光写信给杂志社质问"黑天使"。

"不要麻烦了，请把信交给我，我就是黑天使。"聂耳干脆利落地承认。

听到这个消息，黎锦光大为恼火。8月5日下午，黎锦光主持召开了剧社全体成员大会，讨论"黑天使"问题。这个会没有允许聂耳参加。会上大家七嘴八舌，议论纷纷，还有人骂聂耳吃里扒外，忘恩负义。

第二天，黎锦晖找聂耳单独谈话，有些责难地批评他说："你既然吃我的饭，就不应该骂我。"聂耳说："我何尝是骂你，我不过希望你改变改变作风罢了。难道你丝毫没有感觉到时代已经不同，靡靡之音已经没有生命了吗？"

其实，在正式发表评论文章之前，聂耳也曾经找黎锦晖提过"音乐大众化"的意见，希望他能改变立场，停止在民族危亡的时刻搞靡靡之音来麻醉青年。但黎锦晖当时说他有他的难处，没有重视聂耳的话。

可能，在黎锦晖看来，音乐、舞蹈这种艺术不应该与国家政治联系在一起，甚至认为艺术关乎国运是一种笑话。他们说："音乐如果可以救国，飞机大炮都没有用武之地了。"

当时，"黎派"歌舞风靡一时，文化界、教育界及音乐界其实已经有不少人先后在报刊上发表文章，对他进行斥责怒骂，并呼吁统治当局给予取缔。但是，所有这些批判都没有像聂耳的《中国歌舞短论》那样全面、尖锐、深刻，又富于说理，在舆论上形成极大的影响。

"黑天使"的《短论》让明月社受到极大冲击，他们只能组织文章进行分辩、以求平息社会风波，扭转舆论压力。当然，到了这种地步，聂耳也不好继续在剧团待下去，他只好以养病为由，离开了明月社。

对于这场斗争，聂耳也知道他应该付出的代价。他深知自己这个音乐"饭碗"是多么来之不易。但为了坚持真理，为了与靡靡之音做斗争，聂耳不怕丢掉自己的饭碗。

> ……他们对我不大满时，我实在有一走的必要。因为这样地鬼混下去，精神上是会受痛苦的。
>
> ……我是一个革命者，在这样的生活中，已经是该打屁股。
>
> （聂耳日记 1932年8月1日）

他在日记中写道。

8月10日，明月社在《时报》上刊登启事，声明今后有关聂耳的"一切言语行动，与本社无关"，正式宣布聂耳退出明月社。

虽然离开了明月社，但聂耳仍然不忘老师黎锦晖的教导，仍然把黎锦晖认作是有缺点而误走歧途的师友。聂耳在几个月后的日记中写道：

> 听了锦晖处新收的唱片，音乐却有很大的进步，嘴上虽在骂，心里却不安；自己实在浅薄，何敢去批评人？！你骂他不对，你不但不能做出比他好的东西来，连你所骂的都做不出，这有什么意义？！
>
> （聂耳日记 1933年1月30日）

虽然在音乐创作思想方向上与老师黎锦晖有很大不同，但这并不妨碍聂耳在创作技巧和艺术形式方面汲取黎锦晖的经验。他曾巧妙地将《桃花江》的曲调加以变化，改编成为激越的《黄浦江歌》。

他能认识到"编出革命的、同时保持高度艺术水准的音乐不是容易的事情"，勇于正视自己技术上的不足，并向包括黎锦晖在内的各个方面的老师学习，孜孜以求，汲取更丰富更有益的知识养料。

北平考学

1932 年 8 月 7 日，聂耳在友人的建议和帮助下，乘船离开上海，计划到北平闯一闯，或者就业，或者上学，谋求新的生活。

11 日，聂耳经天津抵达北平，住在宣武门外校场头条三号的云南会馆里。没想到，在那里他竟然碰到了许多云南的革命老友，如张天虚、陆万美、许强、陈钟沪、李纯一、杨哲夫、何宏远等。

当时，陆万美是中共地下党员，在北平左翼文化总同盟任常委，负责和戏剧家联盟、音乐家联盟的联系工作。许强是在云南被捕两年后，保释出来到北平的进步青年。他的爱人陈钟沪是云南省宣威火腿公司大老板的千金，生活富裕阔绰，她在经济上给了聂耳许多支持与帮助。李纯一是陈钟沪的表姐。

云南会馆是一个专门接待云南考生的招待所，也是中共早年建立云南地下党的重要基地之一。五四运动时，云南进步青年建立了一个学习社会主义思想理论的组织"大同社"，并创办了进步刊物《滇潮》。聂耳来云南会馆时，同时住在那里的青年大约有 40 多人。

1922 年后，大同社成员陆续到达北平，把原社改建成"兴滇社"，并创办了革命刊物《铁花》，发行到云南，进行革命宣传。这些活动，就在云南会馆进行。1925 年以后，兴滇社的许多成员都先后加入了中国共产党，他们又回昆明建立了"中国共产党云南省临时工委"。

在北平初期，好朋友们带着聂耳参观了许多名胜古迹，观摩了许多舞台演出。他们常去天桥看民间杂耍，了解底层劳动人民的生活。

这段时期，聂耳也在反复思考自己的出路问题。不少老朋友都主张他先考学校深造。清华大学、燕京大学是聂耳中学时代就梦寐以求的高等学府，他很想考入这两所学校的艺术学院读书。为此，他还特地去这两所大学参观。

参观完清华大学，他在日记中无限感叹地写道：

> "清华"的环境着实太好了。我玄想着要是我现在是里面的学生，我将会很自由地跑上大礼堂去练习音乐，到图书馆去读书，到运动场去打

球……一时思潮起伏，追忆起学校生活的乐趣。

（聂耳日记　1932 年 9 月 7 日）

但是，鉴于当时日益高涨的学生运动和左翼文艺运动的情况，他又开始犹豫起来，对自己究竟应立即投入实际斗争，还是专心上学，拿不定主意。

若是进了平大艺院［现北京大学艺术学院］，重新再度学生生活，这会给我感到何等的悠闲，更想到以后来参加"清华"的乐队演奏。但是，回头想想过了两三年的平静生活以后将怎样？！算了吧！

（聂耳日记　1932 年 9 月 7 日）

第二天的日记接着又写道：

老实说，考什么学校？我何必要这样软化下去？！我回到上海去有着我紧要任务，试问我进三年的学校比做三年的事是哪一样的希望大些？！

……

我决定了，决定回上海去……

（聂耳日记　1932 年 9 月 8 日）

后来，云南的好友袁春晖和上海的郑雨笙又催促他考学。但聂耳还是有点不太愿意，他更想投入到当时的左翼电影运动中去。

9 月 11 日，他又接到袁春晖的信，劝他别再搞电影工作，应进一个国立大学。为此聂耳再次给她写信做解释，向她阐述电影运动的意义，请她不要误解自己，以为他是虚荣、贪图名利，想做明星。

最终，在众多朋友的支持与鼓励之下，他还是于 9 月 13 日，到北平国立艺术学院报了名，考音乐系。除音乐外，考试有党义、国文、数学和英语等科目。

9 月 18 日，成绩出榜，聂耳发现自己没有考上。这个成绩对他来说，既在意愿之中，也在意愿之外。意愿之中，是因为他并不完全想入学读书；意愿之外，是因为在他以往的人生中，任何一次考试都是以优异的成绩考在前三名的。这次竟然落榜，在心理上是个很大的打击。

聂耳（左）与友人在北京颐和园

后来，聂耳对这次考试失利作了反省，悟出一个道理："不论做什么事情，一定要有坚定的信心和坚韧的毅力，要做出最大的努力和充分的准备，应认真严肃地对待它。只有这样，才能攻克它、战胜它并最后夺取胜利！千万不能抱有丝毫的侥幸心理，更不能去碰运气！"

组建"音联"

9月中旬，北平剧联领导于伶收到了上海剧联总盟党团书记赵铭彝写来的一封介绍信。于伶在信中了解到革命音乐家聂耳的情况，便专程去云南会馆找聂耳见面。

聂耳高兴地向他汇报了自己的基本情况，也讲述了上海"黑天使"事件的经过。于伶当即向聂耳约稿，为北平剧联的机关报《戏剧与电影》撰文，并邀请他参加高尔基《夜店》的排练。聂耳很快就成为剧联的活跃分子。

当时，聂耳还帮着北平左翼人士王旦东、李元庆等筹建北平左翼音乐家联盟（简称"音联"）。聂耳找到许多音乐界人士共同战斗，从最初草拟组织大纲，到开筹备会议等工作，全都由聂耳主持。10月下旬，在北京一所教会女子中学的二楼教室里，北平左翼音乐家联盟正式宣布成立。

聂耳的工作是非常繁忙的，10月1日，参加了中共北平地下党组织的"飞行集会"；10月28日，随剧联赴清华大学演出，登台独奏了《国际歌》；10月29日，在朝阳大学聆听马哲明的演讲《陈独秀与中国革命》；11月5日，又随剧联到北平大学俄文商学院演出了戏剧《血衣》。

在北平参加左翼文化活动期间，经朋友介绍，聂耳曾拜在北平居住的俄籍小提琴家托诺夫为师，学习小提琴。托诺夫是当时北平有名的小提琴老师，刘天华、冼星海都曾经是他的学生。

托诺夫的指导，让聂耳深受启迪。他十分刻苦地练习，进步显著，托诺夫非常满意。但由于聂耳无力负担高昂的学费，再加上要参加北平的左翼音乐工作，时间比较紧张，在学了一个月后，聂耳就婉言退学了。

通过与左翼组织的联系并参加各种进步文艺活动，聂耳受到了莫大的鼓舞和鞭策，他感到自己的前途有了新的目标和希望。后来的日记中，聂耳曾回忆道：

半年的北平生活是把我泛滥洋溢的热情与兴趣注入正流的界堤。

聂耳决心把自己的青春年华献给党的戏剧事业和音乐事业。他慎重地向北平剧联党组织的负责人于伶表达了想加入中国共产党的愿望。

剧联党组织认真做了讨论，大家认为经过各种活动，可以看出聂耳确实是一位好青年，基本上具备了入党的条件。

然而寒冷的冬天随即来临，聂耳在北平既进不了学校又找不到合适的职业，没有经济来源。聂耳穷得连棉衣都买不起，原有的冬衣还当在上海的当铺里。他只好无奈地离开北平，再回上海。所以，办理入党手续的事宜也被耽搁了下来。

重回上海

1932 年 11 月 6 日，聂耳离开北平的战友，前往上海。他带上了于伶等剧联负责人交给他代转上海党组织的 3 份材料：一份是中国左翼戏剧家联盟北平分盟一年来的工作报告，一份是聂耳要求入党的申请及党组织讨论通过的意见书，一份是聂耳的介绍信。

11 月 8 日，聂耳抵达上海。他冒雨来到田汉住处，按照指示，把 3 份材料，交给了组织。

当时，上海的左翼文艺运动形势发展很快，特别是剧联的"电影小组"成立后，急需组织更多进步文艺工作者投入到电影战线中去。聂耳回到上海，正好可以满足这个工作需求。

联华影业公司是上海较为重要的电影公司。在那里工作的，有聂耳的老朋友金焰、卜万苍、孙瑜等人。他们都非常希望聂耳到联华公司来与他们一起干工作，因此全力将聂耳引荐给公司的老板，做了许多复杂的疏通工作。

当时，聂耳的好朋友金焰是联华影业公司的著名演员，有"电影皇帝"的美誉；另一位好朋友卜万苍是公司的著名导演。有两位保荐，公司老板便答应接收聂耳进入公司。

11 月 26 日，聂耳正式进入公司上班。最初当演员，后来也当过场记、管过服装，有啥干啥。

到了年底，上海左翼剧联内部决定成立"音乐小组"。参与成员有田汉、聂耳、张曙、吕骥、安娥、任光等。他们组织革命音乐工作者参加进步电影和戏剧文艺运动，集体学习革命音乐理论，研究群众歌曲的创作。在音乐小组中，聂耳工作得十分出色，总是以炽烈的热情和充沛的精力，圆满完成组织上交给他的各种任务。

重返上海的第二年 2 月 5 日，聂耳挣到了联华影业公司发的工资。他才有能力给自己租了一间小屋子，住在上海市霞飞路第 2886 号的 3 楼。

因为每个月的工资只有 30 元，每月房租和伙食费就要各付 10 元，车票和零用费也需要 10 元，所以聂耳的经济情况也不是很好，总是入不敷出。他只有身兼数职，一边忙着公司的工作，一边忙着挣一些"外快"——通过写剧本、写文章、当演员、教小提琴等杂事，赚一点额外收入来维持自己的生活。

中共党员

1933 年春天的一个深夜，剧作家田汉同志、夏衍同志来到联华影业公司的摄影棚里，秘密地为聂耳举行了入党宣誓仪式。

仪式在摄影棚的一个角落里举行。鉴于当时的白色恐怖形势，宣誓仪式中，他们用一张纸画上镰刀斧头的图案，以临时代替党旗。

灯光下，聂耳面对党旗，举起右手，握紧拳头，一字一句地跟着田汉同志宣读誓词："我志愿加入中国共产党……"

那一刻，庄重严肃。虽然宣读誓词时音量压得很低，但聂耳的语气坚定而有力。

宣誓结束后，夏衍同志紧紧地同聂耳握手，祝贺他正式入党："从今天起，你就是中国无产阶级的先锋战士了，希望你充分发挥自己的聪明才智，为党的文艺事业做出更大贡献。"

趁俩人说话的间隙，田汉同志抓紧时间从墙上取下临时代替党旗的那张纸，用火柴点燃烧掉。三人关灯匆匆离开摄影棚。

回到宿舍，聂耳仍然难掩激动的心情。这一天，他盼了很久。它终于来了。怎么能不兴奋呢！

这一年，聂耳21岁。

自从加入了中国共产党后，聂耳更加勤奋努力地工作。他在党的直接教育及引导下，承担了上海左翼剧联音乐小组的组织和领导工作。他团结广大左翼音乐工作者，在继承中外优秀音乐遗产的基础上，以饱满的革命激情投入创作。

"苏联三友社"音乐小组

1933年聂耳（拉小提琴）与任光（弹钢琴）在合奏

　　当时，中苏恢复邦交，上海的进步文化界成立了"苏联之友社"，向国内全面介绍苏联的社会主义新文化。在田汉的推动下，聂耳、张曙、吕骥、安娥、任光等人成立了苏联之友社的"音乐小组"，定期在任光的住处听苏联音乐广播、学习苏联群众歌曲创作的经验、共同探讨如何发展我国的革命音乐理论和音乐创作等问题。

　　在苏联之友社音乐小组的基础上，聂耳又发起建立了"中国新兴音乐研究会"，为如何创造出既能"代替着大众在呐喊"，又"保持高度艺术水准"的中国新兴音乐而共同努力。

第四乐章 为人民讴歌
（1932—1935）

配乐首秀

1933 年 2 月 9 日，"中国电影文化协会"在上海正式成立。会议选出夏衍、田汉、洪深、聂耳、蔡楚生、孙瑜、卜万苍等人为执行委员，夏衍、聂耳、沈西苓 3 人分别担任文学部、组织部、宣传部的领导。

中国电影文化协会成立后，在中国共产党的领导下提出了电影文化运动的方针任务，进行了广泛的宣传和讨论。左翼电影工作者在当时的杂志上发了许多文章，倡导电影应该体现"反帝反封建"的思想。同时，电影文化协会还领导了许多具体的电影拍摄工作，聂耳也积极参与其中。

联华影业公司在拍摄电影故事片《除夕》时，有个镜头的拍摄遇到了困难。这场戏，需要两个演员——陈燕燕和周璇——表演一段因生活所迫，不得已一起投江自杀的剧情。反复几次，两个演员都表现不出悲愤绝望的情感。拍摄进程一度停滞。

当时，聂耳是电影拍摄的场记。看到这个情况，他也很替大家着急，想为演员帮帮忙，但一时也不知所措。突然他想到，音乐是直击心灵的艺术，何不尝试用音乐来感染演员的情绪呢？

他拿起放在剧场的小提琴，即兴演奏了一段旋律。一串美妙但又带着愁绪的音符飘了出来，很快，音乐转入凄凉哀怨、悲痛欲绝的情绪中。悲惨的气氛顿时笼罩了整个拍摄现场。

在音乐的强烈感染下，两位演员情不自禁地进入了角色。她们呆呆地站着，痴痴地望着曾经多少给她们带来过温暖的家，目光中充满了绝望。顷刻间，二人已是泪如泉涌，无声的嘶吼在心底回荡。突然，她们像失去理智一样，双双冲向江边，投进滔滔江水之中，消逝在茫茫江面上。

一个镜头拍完，演员陈燕燕还静静地坐在地上，沉浸在悲哀的情绪中，一时无法解脱出来，眼泪止不住地滴落在地上，很久才慢慢恢复平静。

所有演职人员都为这场戏的成功拍摄感到振奋，也为聂耳的聪慧和多才多艺感到钦佩，更为他的付出心存感激。

"大红大紫"

聂耳为人直爽热情，对各种社会活动都很热心。很快，他就在联华影业公司，甚至整个上海电影界获得了极好的口碑。他先后担任各种社会职务，成了一个"大红大紫"的人物。

除了负责中国电影文化协会、剧联音乐小组的工作之外，他还被选为联华航捐会执行委员、话剧剧本起草委员、联华一厂俱乐部执行委员兼秘书、电影界游艺会筹备委员、中国新兴音乐研究会发起人等等。1933 年 3 月 21 日，他又正式担任了联华一厂的音乐部主任，工作变得异常繁忙起来。

> 近来差不多每天都在过开会生活……前天从早晨开到深夜一时。
> "联华"航捐会执委、话剧剧本起草委、音乐部主任、联一厂俱乐部执委、秘书、中国电协组织部秘书、电协组长、电游艺会筹备委员、中国新兴音乐研究会发起人。戏剧方面，公司工作，自己练琴、看书、运动、作曲、教唱歌、写信……等，便是我的日常生活。
>
> （聂耳日记　1933 年 3 月 22 日）

左翼电影运动在聂耳参与工作的这段时间，有了进一步的发展。仅 1933 年，联华就出品了《三个摩登女性》《如此英雄》《天明》《城市之夜》《都会的早晨》《除夕》《母性之光》《小玩意》《风》和《出路》等 11 部电影。

这些作品中绝大多数都是优秀的进步电影。聂耳先后还在许多影片中扮演过如账房先生、小商贩、乐手、医生、船夫等角色。

然而，在白色恐怖下，联华影业公司要拍摄进步电影，绝不是那么容易，而是要面对非常尖锐的斗争。1933 年年初，联华的总经理、资本家罗铭佑提出"挽救国片、宣传国粹、提倡国业、服务国家"的所谓"四国主义"制片口号，并拟定了一批摄制"国粹"片的计划。"四国主义"表面宣扬振兴国片，实则带有为当局提倡的"教育电影"服务的色彩。为粉碎国民党反动派和罗铭佑的反动企图，以聂耳为首的创作员和职工于 4 月 14 日召开电影一厂、二厂职工联合大会。他们提出抗议，要求撤消"四国主义"制片口号，并号召广大电影工作者进行抵制。其中，阳翰笙还撰文批判说："联华的'四国主义'，其实质是'死国主义'和'锁国主义'。"

1933 年聂耳辅导演员陈燕燕演唱影片《母性之光》中的歌曲

经过半个多月的斗争，4 月 29 日，迫于群众舆论的压力，罗铭佑只好宣布重新恢复联华"提倡艺术，宣扬文化，启发民智，挽救影业"的制片口号。

小插曲

1933 年 4 月 5 日，聂耳寄在给好友张庚侯的回信中写道：

首先要和你讨论的是你所谓"你真和王人美 [电影明星] 有了超乎友谊的好感吗？"后面还有几个小字："你可以秘密地告诉我一点吗？"

二哥！用不着秘密！事实上并没有什么可秘密的地方，听我细细道来吧。

我和她中间有一个特别的称呼，我叫她"德来西士特儿 [Dear Sister]"，她叫我"德来不拉凡 [Dear Brother]"。由此，你可以看出我们是怎样一个关系！干姐弟也。

她待我和她的小弟弟一样，而我也仅觉得她像我的姐姐。我在明月歌剧社的时候，她和我毫无拘束地谈笑、打架、吵嘴、翻脸、讲和，一块儿看电影、一块儿吃饭，这便是我们的最高友谊。

我希望你有好些事不必神经过敏，老实说，我现在所爱的人只有小春晖 [即袁春晖]，我不管她怎样"人小心大""用情不专"等语，我总觉得她也一样地爱着我。

尽管春晖从未向家长正式讲过她和聂耳的爱情关系，但家长还是知道的。她母亲对此一直持有异议。加之聂耳又千里迢迢一直在外闯荡，不知归期。最后，袁春晖只好屈服了家长的意志，与一个青年商人结了婚。尽管如此，春晖还是时时思念自己在远方的友人。

聂耳在外面得知袁春晖结婚之后，在相当长的一段时间里都很痛苦。由于封建礼教的桎梏，一对有情人终不能成为眷属。每当聂耳翻开自己的书页，闻到那干枯的缅桂花瓣的清香味时，便会自然回忆起在玫瑰花田边那七彩的梦境。

由于家庭贫困，聂耳的学生时代充满了忧伤、彷徨和苦闷。但是，又和所有热血青年一样，他的生活也有温馨、友谊和热情。当然，更多还是探索、拼搏与奋斗！这就是一个真真实实而又朝气蓬勃的聂耳。

聂耳与袁春晖相识，已经是十几年前的事了，当时两人都是穷学生。在当时的社会里，他们的恋情是很大胆的、很纯洁的。在处理婚姻问题上，聂耳有个总原则："我是为社会而生的。"他自始至终都把祖国的命运，把自己对事业的追求摆在第一位，这也正是他后来在音乐上能自学成才的原因。

《开矿歌》

1933年夏天，联华影业公司开拍一部名为《母性之光》的电影。这部影片由田汉担任编剧、卜万苍担任导演、聂耳担任作曲，由黎灼灼、金焰、陈燕燕等主演。

影片描写了一个旧社会革命者和资产阶级家庭成员之间的悲欢离合和爱恨情仇，揭露了当时社会的阶级对立和矛盾，具有强烈的现实讽刺意义。影片中有一个情节描写南洋矿工劳动。

为了生动展现矿工的精神气质，田汉和聂耳为这个情节创作了一段插曲《开矿歌》。

田汉以"陈瑜"为笔名，为这首歌撰写了歌词：

> 开出来黄金黄。
> 我们在流血汗，
> 人家在兜风凉。
> 我们在饿肚皮，
> 人家在餍高粱。
> 我们终年看不见太阳，
> 人家还嫌水银灯不够亮。
>
> 开出来黄金黄。
> 我们大家的心，
> 要像一道板墙。
> 我们大家的手，
> 要像百炼的钢。
> 我们造出来的幸福，
> 我们大家来享！

为了写好这首歌，聂耳不断地深入开矿工人的工作和生活，和他们一起劳动，用他敏锐的艺术触觉，捕捉最能代表、最能反映工人阶级心声和最能塑造工人阶级形象的音调和节奏。

他深知，自己是人民大众中的一员，要从人民大众的视角观察问题，才能创作出更符合工人阶级的音乐形象。他在日记中记录道：

> "不同生活接触，不能为生活的著作；不锻炼自己的人格，无由产生伟大的作品。"

（聂耳日记　1933年4月22日）

他认识到艺术和现实生活的关系，懂得要用音乐去反映劳苦大众的生活和心声。他始终牢记，要到生活中寻找不同的音调和节奏去塑造个性鲜明的音乐形象。

为了将开矿工人受压迫的形象和他们心中的愤懑展现出来，聂耳以矿业工人的劳动呼号作为背景，配以叙述性的男声独唱作为呼应。独唱部分以四度跳进开始，展现开矿工人坚定而有力的性格形象。

接着，旋律又以大三和弦分解回旋，下行过度至低音区，用低沉的音调倾诉工人内心的不平之气。深沉的旋律结合此起彼伏的劳动呼号，给人留下深刻的印象。

影片上映后，《开矿歌》得到了业界人士和广大群众的好评，引起了强烈的社会反响。它是聂耳创作的第一首电影歌曲，开创了我国20世纪30年代革命电影歌曲的先声。这也是聂耳创作的第一首刻画工人形象的歌曲，唱出了旧社会残酷的阶级矛盾，也唱出了工人的团结和对革命的向往。

5月28日上海出版的《联华画报》一卷二十二期已登有金焰歌唱《开矿歌》的消息，7月9日出版的画报二卷二期记载，此歌已经在百代公司灌制了唱片，演唱者正是聂耳本人。

聂耳为《开矿歌》先后写过三份手稿。其中一份手稿正式出版，曲谱初刊于《新音乐》三卷二期。但是，它与百代唱片中聂耳的演唱多有出入。1985年，《聂耳全集》出版。该书中收录了《开矿歌》的曲谱，是根据百代唱片和另一份手稿校正的。

多才多艺的聂耳不仅在《母性之光》中创作了插曲，还担任了场记，并客串扮演了一个黑人矿工的群众角色——1933年5月11日在杭州拍外景时，聂耳自告奋勇扮演了片中一位南洋矿工。

这位矿工是全身漆黑的形象，在演这个角色时，需要演员全身涂满黑色颜料。这样的苦差事没有一个演员愿意干。为了这部影片能顺利拍摄，聂耳主动担任了这个角色，并以认真严肃的态度和出色的表演，成功地塑造了这一工人阶级的银幕形象。

扫码听音频

开 矿 歌

电影《母性之光》插曲

田汉 词
聂耳 曲

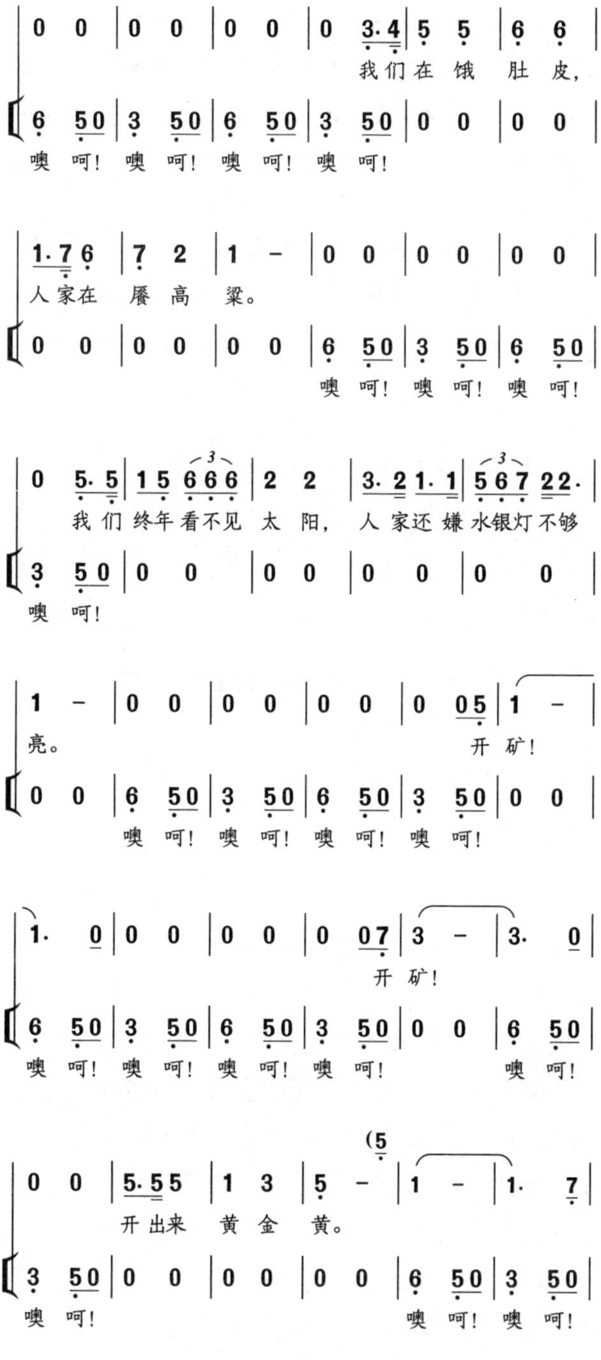
我们在饿肚皮，
噢呵！噢呵！噢呵！噢呵！
人家在餍高粱。
噢呵！噢呵！噢呵！
我们终年看不见太阳，人家还嫌水银灯不够
噢呵！
亮。
开矿！
噢呵！噢呵！噢呵！噢呵！
开矿！
噢呵！噢呵！噢呵！噢呵！
噢呵！
开出来黄金黄。
噢呵！
噢呵！噢呵！

勤奋写作

聂耳工作极为勤奋。在繁忙的工作之余，他还挤出时间为报纸杂志写文艺短评。如《我所知道的"生路"里的音乐》《电影的音乐配奏》《影界漫语》（笔名"噪森"）。还创作了电影剧本《时代青年》等。

同时，他十分重视对民间音乐的收集、学习和吸取运用。他不仅抄录了河北民歌《小白菜》等民间音乐资料，还到处收集各种山歌、小调等。他在1933年3月7日的日记中写道："音乐修养上……注意云南音乐。"

1933年5月28日，聂耳给母亲写了一封家信，请求三哥帮他找一些民

1933 年影片《母性之光》在杭州拍外景时，
聂耳全身涂黑，扮演剧中黑人矿工

歌资料：

> 现在我想在中国的各地民间歌谣上下一番研究，请三哥帮我收集一些寄来，不论什么小调、洞经调、山歌、滇戏牌子都要。千万急！！！

工作日益繁忙。1933 年 5 月 27 日，聂耳在日记里写道：

> 几天来忙得连睡眠的时间都没有。
> ……
> 什么乐队、音乐研究会，未尝不是我时时刻刻在心的事。
> ……
> 说到整个音乐运动，更是一桩难做的事，不是畏难而不做，而是要认识这难的存在，先把自己的基础打好，才有资格去领导人。老实说，我自己知道自己的空虚、浅薄，还没到领导人的程度。

本职工作很杂，又加上无数的社会工作，过度的操劳，终于使这位一向身强力壮的小伙子病倒了。

8 月 30 日，在南京路永安公司门口拍摄电影《人生》的外景时，聂耳昏倒在地。同事们立即把他送到上海仁济医院进行抢救治疗。经医生检查，诊断为脑溢血，需住院医治。

出院后，医生要求他休息两个月才能去工作。但聂耳请病假已耽误工作，厂方停发了工资。出于无奈，他只休息了半个月就去上班了。

饥寒交迫之歌

这年秋天，聂耳给剧作家董每戡的独幕话剧《饥饿线》创作了插曲《饥寒交迫之歌》。音乐乐谱刻印版初刊于《教学唱》第 4 辑，由昆明"教学唱社"于 1947 年 7 月 17 日出版，比遗留的手稿更长。手稿的照片收录在 1985 年版的《聂耳全集》中。

这年冬天，聂耳创作了《伤兵歌》，1935 年 10 月 20 日曲谱在曼曼出版社出版的《星歌集》第一集刊载。

同年，聂耳还创作过两首从未发表过的作品。其中一首儿童歌曲《小工人》，由安娥作词。另外一首由于手稿上未署明词曲作者姓名，也没有写明作品的正式名称，因此被后人命名为《无题》。又因为这首歌的首句歌词是"雪飘飘，路茫茫"，所以也被命名为《雪》。1986年《聂耳全集》出版时，用《无题（雪）》来标注它的名称。从歌曲的内容推测，它可能是某个话剧的插曲。

从这些作品可以看出，聂耳在音乐创作的初期，就很重视反映被压迫阶层群众的痛苦生活，一开始就有种不拘一格的独特个性。

在繁忙中，聂耳仍坚持学习音乐业务。除继续向普杜什卡学小提琴外，从1933年12月起，他每周都去参加由司劳特斯基指挥的，上海工部局交响乐队的排练和演出。

《卖报歌》

"啦啦啦！啦啦啦！我是卖报的小行家，不等天明去等派报……"这首《卖报歌》在中国大地上传唱了近一个世纪，早已成为妇孺皆知、耳熟能详的群众歌曲。说起这首歌的创作过程，还有一个小故事。

1933年秋的某一天，聂耳与联华影业公司的同事石寄甫、殷秀岑等人一起去萨坡赛路（今淡水路）的球场打球。路过霞飞路（今淮海中路）的时候，看到一个小女孩坐在地上大哭，地上满是散落的报纸。来来往往的行人从她身边走过，没有一个人停下来。

聂耳见此情景，不由得慢下脚步，径直走到小女孩身边，询问这个可怜的小妹妹为什么哭。原来，这是一个靠卖报纸补贴家用的小报童，因为收入少，买不到吃的，每天都吃不饱饭。刚刚，小报童饿得头昏眼花，摇摇晃晃站立不稳，这时一辆电车正好靠站，一群人从电车上涌下来，把小女孩撞倒在地，磕得头上还起了血泡。这倒不要紧，关键是今天的报纸被弄脏了，再没有办法卖出去，小报童不知怎么办才好，急哭了。

"不要哭，不要哭，没事，没事，叔叔帮你想办法，你的这些报纸我买了。"聂耳安慰着小女孩并把她扶起来，买走了所有弄脏的报纸。

这一天是这位小报童一生命运改变的开始。后来，聂耳每当路过这里的时候，都会留意这个小报童，如果遇到了，就多聊几句。渐渐地，他们熟悉了。原来小报童是苏州盘门一户杨姓人家的小女儿，还没有一个正式的学名，人们都叫他"小毛头"（上海地区对小女孩的泛称）。她家原本一共有6个孩子，但只活下来她和姐姐2个。她7岁时，父亲就病故了。1931年，她跟随母亲、姐姐和姐夫逃难到上海，住在闸北。"一·二八"淞沪抗战时，日军轰炸闸北，全家再逃到租界，先住在法租界八仙桥附近，后来又搬到吕班路顾家弄。

为了谋生，姐夫把一件皮大衣卖掉再凑了点钱做本金，批发来报纸，由母亲和姐姐到吕班路霞飞路口摆了个报摊。小毛头也跟着卖报，当时才近10岁。她卖报时，总是争不过其他男报童，所以收入甚微。

打那以后，聂耳常来买她的报纸。为了让这个小女孩能多卖出去一些报纸，聂耳还经常帮着她向路人叫卖。渐渐地，聂耳熟悉了卖报小工的生活。聂耳也和小毛头结下了友谊，小毛头亲热地叫聂耳"聂叔叔"。

有一天，聂耳突发奇想。他对小毛头说："干脆我帮你写一首卖报歌吧。这样，别人叫着卖，你可以唱着卖，一定会比别人卖得更多的。"小女孩听了，高兴地拍手叫好。

于是，聂耳找到著名的女词人安娥，把要创作歌曲的想法告诉了她，并请她为这首歌创作歌词。安娥很快就写好了歌词，聂耳随即谱好了曲调。然后，他和朋友周佰勋一起，拿着这首新创作的歌曲，找到了小毛头，唱给她听。

小毛头听了非常高兴。她说："聂叔叔，如果能把'几个铜板能买几份报'的话也唱出来，那就太好了。"聂耳笑着点头答应，马上回去与安娥商量，按小姑娘的话，把歌曲首段的最后一句改为"七个铜板就买两份报"。

《卖报歌》节奏明快、朝气蓬勃，音乐语言非常简练。西方自然大调与民族宫调式结合的调式特征，既有鲜明的民族风味，又有强烈的时代气息。

卖报歌

安娥　词
聂耳　曲

卖报歌

1=F 2/4

5 5 5 | 5 5 5 | 3 5 6 5 3 | 2 3 5 | 5 3 5 3 2 |

啦 啦 啦　啦 啦 啦　我 是 卖 报 的 小 行 家,

1. 不 等 天 明 去
2. 大 风 大 雨 里
3. 耐 饥 耐 寒 地

1 3 2 | 3 3 2 | 6 1 2 | 6 | 6 5 3 6 5 | 5 3 2 3 |

等 派 报, 一 面 走, 一 面 叫:"今 天 的 新 闻 真 正

满 街 跑, 走 不 好, 滑 一 跤, 满 身 的 泥 水 惹 人

满 街 跑, 吃 不 饱, 睡 不 好, 痛 苦 的 生 活 向 谁

5 － | 5 3 2 3 | 5 3 2 3 | 6 1 2 3 | 1 － :||

好,　　七 个 铜 板 就 买 两 份 报。"

笑,　　饥 饿 寒 冷 只 有 我 知 道。

告,　　总 有 一 天 光 明 会 来 到。

　　歌曲整体音域只有八度，朗朗上口，非常好唱，普及性强，具有"大乐必易、雅俗共赏"的高级特征。它的音乐结构非常简单、规整，是"起、承、转、合"4个乐句构成的单乐段结构。音调活泼，节奏跳跃，体现出报童活泼天真、积极乐观的性格。

谱例1　第一乐句

5 5 5 | 5 5 5 | 3 5 6 5 3 | 2 3 5 |

啦 啦 啦　啦 啦 啦　我 是 卖 报 的 小 行 家,

　　第一乐句以歌词的自然节奏为基础，6个相同的"啦"，配合6个相同的音高开始歌唱，一字一音，紧密相对，清晰自然、不做作，真实生动地写出了小报童的叫卖声。体现出报童天真无邪、无拘无束的性格，使歌曲充满了朝气。

谱例2　第二乐句

$$\underline{5\ 3}\ \underline{5\ \underline{3\ 2}}\ |\ \underline{1}\ \underline{3}\ 2\ |\ \underline{3\ 3}\ 2\ |\ \underline{\dot{6}\ 1}\ 2\ |$$

不 等 天 明去 等 派报，　一面 走，　一面 叫：

第二句的节奏排列发生变化，将第一句的前半句与后半句节奏型互换，出现了前半句明快紧凑，后半句沉重拉伸的音响效果。"一面走，一面叫"的曲调推动了旋律进行，为后面的高潮乐句做了恰当的铺垫，给人耳目一新的感觉。

谱例3　第三乐句

$$6\ \underline{6\ 5}\ |\ \underline{3\ 6}\ 5\ |\ \underline{5\ 3}\ \underline{2\ 3}\ |\ 5\ -\ |$$

"今 天的 新 闻 真 正 好，

第三句是整首歌曲旋律的最高潮，以均匀的八分音符为主，将乐句的旋律线条变得舒缓、连贯，配合着"今天的新闻真正好"，有赞叹的感觉。整个乐句词曲完美结合，成为整首歌曲最精彩的部分。

谱例4　第四乐句

$$\underline{5\ 3}\ \underline{2\ 3}\ |\ \underline{5\ 3}\ \underline{2\ 3}\ |\ \underline{\dot{6}\ 1}\ \underline{2\ 3}\ |\ 1\ -\ \|$$

七 个 铜 板 就 买 两 份 报。"

最后一句的前6拍使用了整齐的八分音符完整排列，歌词把报童楚楚可怜的形象描绘得淋漓尽致，反映出旧社会报童为生计而四处奔波的无奈心情。

活泼动听的歌声陈述了一个完整的卖报小故事，简洁的旋律线条和曲式结构自然地描绘出小孩子天真的渴望。这首歌浑然天成，完全没有刻意的精雕细琢和大起大落的标新立异，是一首难得的佳作。

聂耳亲自给小毛头教唱《卖报歌》："啦啦啦！啦啦啦！我是卖报的小行家……"从此，这首歌在上海滩上唱响，风靡一时。小毛头成了《卖报歌》的首唱者，她的歌声吸引了许多顾客，生意也好了起来。

卖报的小毛头

1934年，聂耳创作了一部歌剧《扬子江暴风雨》，他让小毛头担任剧中"卖报童"的角色。同年，联华在拍电影《人生》时，需要一位演员扮演幼年时期的主人公阮玲玉。聂耳向导演费穆推荐小毛头，她得到了认可。从此，小毛头正式进入了演艺界。

此后，她又参演了《青春》《暴雨梨花》《寒江落雁》《迷途的羔羊》《慈母曲》《秋海棠》《和平鸽》等电影，《贫非罪》《梁上君子》《抗战第一年》等话剧。

小毛头进入演艺圈后，有位张姓影迷表示非常喜欢她演的角色，愿为她提供学费去学校读书，还给她取了个学名叫"杨碧君"。从此，小毛头就有了自己的名字，她走上了一条崭新的生活道路。

再次失业

1933 年底，国民党反动派加紧了对革命力量的军事"围剿"和文化"围剿"，指使暴徒将拍摄过进步电影的影业公司捣毁。

聂耳是上海左翼电影运动的骨干，又是中国电影文化协会的秘书长，加上他经常率领着联华影业公司的工会与右翼势力进行针锋相对的斗争，自然成为敌人迫害的目标。

1934 年 1 月 24 日，联华影业公司以聂耳生病需休养身体为由，将他解雇。聂耳再一次失业了。但此时的他，在世界观、艺术观、革命斗争经验各方面都已经成熟，他没有对现状感到沮丧，反而对革命事业和个人前途都充满信心。在日记中，他这样写道：

> 一月二十四日接到联华公司的信说请我休养身体。好！领了欠薪、双薪，走之大吉。我倒不在乎，但同人会和别的地方都大加讨论，着实也应当。

> （聂耳日记　1934 年 1 月 29 日）

他同时还信心百倍地预告：

> 一九三四年是我的音乐年。

后来，事实证实了这一预言。

1934 年，他 22 岁这一年，在音乐创作以及音乐社会活动方面，创造了许多惊人的成就，为我国革命音乐文化的发展做出了卓越的贡献。

2 月间，有人邀请他去参加南昌"中央怒潮剧社"的管弦乐队。考虑到那里可以提供优厚的待遇，能解决衣食问题，聂耳刚开始接受了这一邀请①。但是，当党组织了解到这一剧社与反动政府有密切的联系，劝他放弃这一工作机会时，聂耳立即就取消了这个计划②。

这期间，聂耳去上海国立音乐专科学校报考小提琴专业。结果因为"没有拉好"仍未被录取。这件事对聂耳思想上似乎并没有多大影响，在日记中，他仅以"音专失败"4个字记了一笔。

其时，聂耳又回到了原来的外籍老师普杜什卡那里上提琴课，并参加了法租界的"法文学会"交响乐队及合唱队的排练与演出。聂耳对参加这些业余的音乐活动兴趣很大，自学音乐理论和技术劲头十足。

> ……我对于这乐队的兴趣更浓，每礼拜二次夜工，不论怎样疲倦我都不愿缺席。
>
> 从此每天有弹琴机会，可以实际开始研究《对位法》及继续研究《和声学》。
>
> 照常上课，每礼拜的功课都不错，常常得到老头[即他的外籍小提琴老师普杜什卡]的夸奖
>
> （聂耳日记 1934年4月4日）

这个时期，聂耳也没有停下音乐创作的脚步。他在1934年春天，写下了《走进摄影场》《一个女明星》《雪花飞》等歌曲。

《走进摄影场》曲谱初见于1935年出版的《聂耳纪念集》，安娥作词。1934年4月，此歌由电影演员胡珊灌制了唱片。

同在一张唱片的还有歌曲《一个女明星》，该曲是聂耳根据传统音乐曲牌【玉娥郎】填词、编配而成，属直接引用民间小调填词方式创作的音乐

---

① 聂耳1934年旧历除夕晚给其好友张庚侯的信中是这样写的："我加入了中央怒潮剧社的管弦乐队，明天——大年初一从上海动身……请你常常安慰一下我母亲，说明我这次的走实在比在'联华'好得多。这乐队是政府办的，生活还可以过得去。"

② 聂耳1934年2月24日的日记中有这样的记载："……到南昌'怒潮'去，已经答应了又打了回票，原因是不应当去！"

作品。它的曲谱初刊于《最新中外名歌集》（褚保延编，1940 年 9 月于上海出版）。

《雪花飞》的歌词选自《新诗歌》创刊号（左联领导的中国诗歌会编辑）。1934 年 5 月，百代公司为这首歌灌制了龚秋霞录音的唱片，聂耳担任小提琴助奏参与了录制。1985 年出版的《聂耳全集》收录了手稿和录音原始版乐谱。该曲旋律起伏婉转，节奏活泼曲折，很好地表现了一个穷苦家庭儿童内心的诚挚情感和天真美好的愿望。

百代唱片公司

1934 年 4 月 1 日，聂耳在上海左翼文艺组织的帮助下，进入了"东方百代公司"音乐部工作。主要是协助作曲家任光、安娥，担任收音、教歌、抄谱、作曲等工作。后来，他升任该厂的音乐部副主任，主持音乐部工作。

东方百代公司是英国商人创办的，是当时中国唯一的一家唱片公司，简称"百代公司"。任光在百代公司当音乐部主任，在他安排下，公司灌制了许多革命电影插曲。

当时，国民党政府正大肆"围剿"进步革命文化。不论报纸、杂志，还是电影、戏剧、音乐等，都面临严格的审查。但是，对于英国人开的百代唱片公司的业务，他们则不敢干涉。

为了坚决反击反动当局的文化"围剿"，左翼剧联及剧联电影小组利用一切可以利用的机会推动进步电影的摄制和进步戏剧的演出。中共地下党领导的剧联音乐小组，也积极利用百代的有利条件，努力开展工作。组织早已安排革命青年音乐家任光及田汉的夫人安娥等进入该公司。他们以公司名义合法地灌制、销售进步电影插曲的唱片，以扩大左翼文艺的社会影响。聂耳的加入，进一步壮大了百代公司内的革命音乐家队伍。

聂耳进百代公司是任光同志具体安排的。当时，百代公司需要灌制一些民族音乐的唱片，包括民乐，以及一些民歌伴奏。聂耳熟悉各类民族乐器，吹拉弹唱样样精通，自然是承担这一工作任务的合适人选。

进入百代唱片公司后，聂耳除了完成规定的工作外，还倡议成立了一个附属于百代公司的民乐队，称为"森森国乐队"，业余对外演出时也称"音乐社"。这个国乐队名义上是为灌制唱片时给歌唱者伴奏，实际上是聂耳藉此对我国民乐演奏和合奏做些改革性的试验。

国乐队组成后，聂耳先是带着队员在城隍庙和云南路两处的乐器铺买乐器，后来又组织排练。他为森森国乐队倾注了大量心血。由于乐队人少，只有几名成员，聂耳就要求大家都变成"多面手"，什么乐器都要会演奏，要"一专多能"。这样，演奏二胡的乐手学会了打扬琴，吹笛的乐手也学会了弹三弦。

从指挥乐队排练到改编、创作乐曲，聂耳都亲力亲为、事无巨细，极其认真。他时常自己用三弦或打击乐器奏着各种鲜明的节奏，试图创造性地用中国乐器演奏轻音乐或舞曲。

在森森国乐队成立之初，聂耳改编创作了两首民乐合奏曲《金蛇狂舞》和《翠湖春晓》。这两首乐曲都是聂耳根据家乡云南民间器乐曲牌改编的"新民乐"。

聂耳是一位热爱民族民间音乐，时时留心从中学习和汲取养料的音乐家。早在少年时代，聂耳就迷上过云南的花灯音乐和洞经音乐。到上海后，他不仅常向家人寻求云南当地的民歌小调等，还常去观看上海"大同乐会"和其他民间乐社的演出。

《金蛇狂舞》是根据云南民间曲牌【倒八卦】（或称"倒八板""老八板"）改编的，着意渲染了龙灯舞轻快和热烈的气氛。聂耳将【倒八卦】的曲调多次反复、变奏、转调，来凸显民族民间音乐中振奋人心、积极向上的激情。

百代公司印制的《金蛇狂舞》乐谱

翠湖春晓

百代公司印制的《翠湖春晓》乐谱

民乐改编

《翠湖春晓》是以洞经音乐【宏仁卦】为基调谱写而成的，乐曲中充满了对春天到来的喜悦之情。洞经音乐是一种源于道家音乐的民间乐种。聂耳中学时期曾多次在昆明名胜翠湖边游览，美丽的翠湖成为他对家乡记忆中的一个标志性景观。运用昆明当地的洞经调改编创作，展现翠湖春日胜景，也可看作是聂耳用音乐对家乡人文生活的阐述，寄托了他对故乡的思念之情。

百代公司为两首乐曲灌制了唱片。在录制《金蛇狂舞》时，聂耳自己弹三弦，还请了朋友陈梦庚来打锣。

在聂耳的努力下，小小的国乐队还演奏了《山国情侣》《昭君和番》等民乐合奏曲，还给电影大明星胡蝶演唱的民歌（影片插曲）作伴奏，并都录

昭君和番

制了唱片，很受听众的欢迎。其中，《山国情侣》是根据内蒙古民歌《大红公鸡》及玉溪花灯调【忆娥郎】改编而成的。

聂耳的民族器乐改编，创造了中国音乐的新形式。1934年7月，聂耳给三哥聂叙伦的信中，介绍了他在百代唱片公司组建森森国乐队和改编传统乐曲的情况：

> 我组织了一个森森国乐队，完全用中国乐器奏中国曲子，加上科学的组织与和声，成为一种中国音乐的新形式。

聂耳每天指导森森国乐队排练他改编的这些民间乐曲，并带领乐队对外演出。他们首次对外演出是在上海著名的民主女子中学的校庆游艺会上。聂耳亲自担任指挥，开创了民族乐队演奏有指挥的先河，使观众大开眼界。

《打砖歌》《打桩歌》

1934年，聂耳与田汉创作了一部以码头工人的斗争生活为题材的舞台剧——《扬子江暴风雨》。这一年，上海的社会环境动荡不安，无数爱国青

年、仁人志士把满腔的热血投入到为祖国呐喊、抗争之中。满腔仇恨化作创作动力，聂耳和田汉在很短时间内完成了这部舞台剧的创作。

聂耳为这部舞台剧创作了《打砖歌》《打桩歌》《码头工人》《苦力歌》（现名《前进歌》）4首插曲。聂耳在自己所写的《一年来之中国片乐》一文中，将这部舞台剧称为"新歌剧"。

《打砖歌》是该剧中首先演唱的插曲。它以一字一音为主，铿锵有力的节奏反映出打砖劳动的紧张度。《打砖歌》的曲调与聂耳之前创作的《伤兵歌》基本相同。可能是由于时间紧迫，聂耳就将《伤兵歌》的曲调改配为《打砖歌》了。

《打桩歌》是该剧中第二首插曲。据田汉的弟弟田洪和金焰回忆，在创作《扬子江暴风雨》的音乐时，聂耳曾经多次去上海西藏中路的大上海电影院建筑工地，观摩工人们的劳动情景，体验打桩工人用木桩打夯的劳动生活。

《打桩歌》中劳动呼号节奏和《打砖歌》有所不同，它由原来的 | X X X O | 变成了附点节奏 | X · X X O | ，这种艺术化的节奏音型是对现实音响的升华和概括，使人们感到打桩劳动的沉重。

百代公司对《打砖歌》和《打桩歌》进行了录制，演唱者是聂耳本人。唱片取《打砖歌》做名称，片心上仅署"聂耳作"，未署词作者姓名。两首歌的曲谱均初刊于《中国呼声集》（1936年），也没有署明作词者姓名。此后虽有"蒲风作词""温流作词"的说法，但《打砖歌》和《打桩歌》这两首的词作者至今是一个谜。

1936年《大众歌声》出版，此歌曲集将《打砖歌》和《打桩歌》的词作者记为田汉。此后，其他歌曲集中这两首歌的词作者均据之署名为田汉。

值得注意的是，在聂耳录制的百代唱片里，《打桩歌》中段的速度作了变化处理，和最初的乐谱有所不同。从"太阳晒死罗"至"别人惬意呵！"结束的部分，速度要比前段、后段放慢一倍。1985年版《聂耳全集》中，乐谱上用不同的速度术语标示了这个处理手法。

打砖歌

《码头工人》

《码头工人》是《扬子江暴风雨》的第三首插曲。为了创作这首歌曲，聂耳曾多次去黄浦江边，了解码头工人的生活，观察他们的劳动场景。

《码头工人》是一首回旋曲结构形式的歌曲。沉重的音乐配合着画面中搬运工人一步一顿、不堪重负的身影；激愤满怀的"搬哪，搬哪，唉依哟嗬！"的劳动呼号，将搬运工人的形象表现得活灵活现。

乐曲首句中，踉踉跄跄的附点节奏、起起落落的歌声，使听众感受到了悲惨、无奈的情绪，好像看见了从早忙到晚、从晚忙到早、泪眼模糊、骨头架子快要累散了的码头工人。

谱例1

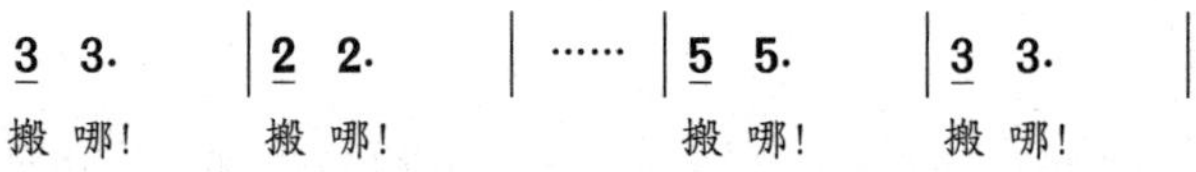

为了展现码头工人永远也搬不完货物的苦难生活，聂耳在"搬哪，搬哪"这两个小节中采用了后附点节奏，以刻画搬运工人的脚步，让搬运的动作显得更沉重，更漫长。"哪"字唱得特别长，好像永远也搬不完。

谱例2

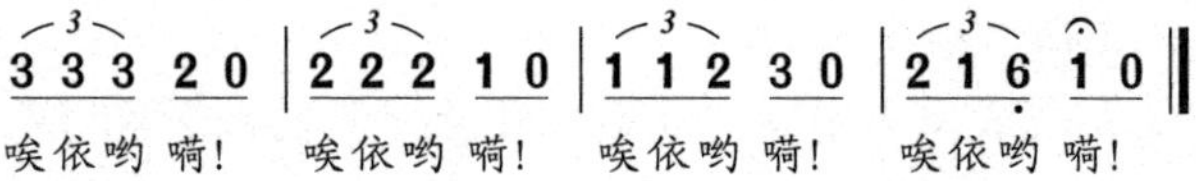

紧接着，是典型的"唉依哟嗬！唉依哟嗬！"的劳动号子。这部作品中应用的劳动号子与一般民间歌曲中的劳动号子相比，有着更为丰富的内涵。三连音节奏紧凑、迫切，描写重物压在身上的感受，把艰苦的劳动场面和工人的真实体验刻画得淋漓尽致。

谱例3

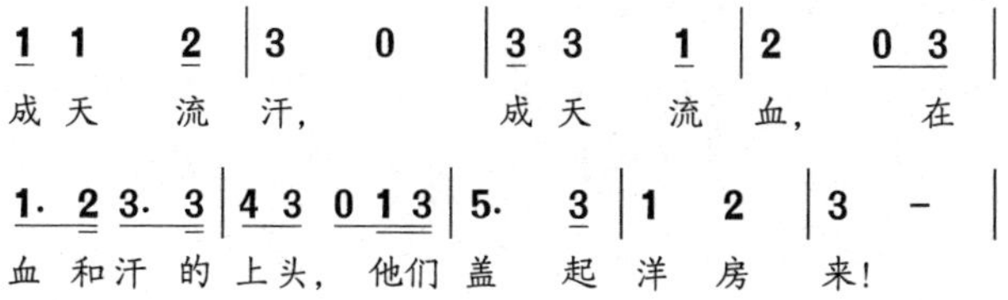

"成天流汗，成天流血，在血和汗的上头，他们盖起洋房来！"将感情升华，转为强烈的悲愤情绪。

谱例4

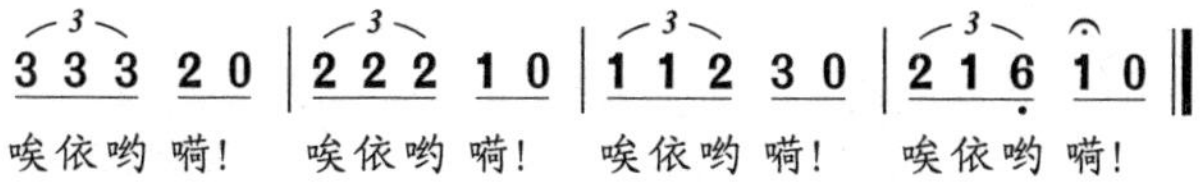

歌曲结尾与前奏一致，都唱着"唉侬哟嗬！唉侬哟嗬！"的口号。4 个"唉侬哟嗬！"声音从低到高，又从高到低，仿佛是码头工人唱着号子搬运，紧走几步停一停，再紧走几步，货物越搬越沉，步子越走越慢，最后实在没有力气了，身体已然累垮，声音也快要发不出来了。

歌曲的整体速度很慢，不仅是为了表现体力劳动的负担大，说明码头工人扛着大山似的货物正在艰难地行走，双腿犹如灌了铅，显得无比沉重；同时，也是抒发码头工人的情感，他们呐喊，他们发泄愤恨。这不仅是从一个普通码头工人口中唱出的简单的口号，而是代表了深受多重压迫的劳苦大众对"三座大山"的强烈不满和反抗情绪。

这首歌也由聂耳本人演唱，百代公司灌制唱片，于 1934 年 5 月 16 日发行。聂耳在演唱此歌时，每次"哎侬哟嗬"的主部旋律结束之后，都作为间奏重复一次。这样处理，均衡了主部与插部的结构比重，更好地表达了歌曲的内容和沉重的气质，是比曲谱版本更好的演唱形式。

《码头工人》的曲谱初刊于《中国呼声集》，但未署词作者姓名。后来在 1936 年《大众歌声》出版时，被署名为田汉作词；1957 年《聂耳歌曲集》出版后，又都改名为蒲风作词；但其实，真正的词作者是"百灵"（本名孙石灵，中国诗歌会成员）。

中国诗歌会编辑出版的《新诗歌》一卷三期（1933 年 3 月 1 日于上海出版）刊登了一首诗，名为《码头工人歌》，作者署名是"百灵"。该诗仅有 4 个字与聂耳的歌曲不同。这是《码头工人》歌词的最早出处。

码头工人

码头工人

舞台剧《扬子江暴风雨》插曲

百灵 词
聂耳 曲

$1=G$ $\frac{2}{4}$

中速

(3 3 3 2 0 | 2 2 2 1 0 | 1 1 2 3 0 | 2 1 6 1) 1 | 1 1. 2
　　　　　　　　　　　　　　　　　　　　从 朝 搬 到

3 0 3 | 3 2. 1 | 2. 0 | 3 3 5 | 5. 4 3. 2
夜， 从 夜 搬 到 朝， 眼 睛 都 迷 糊

3. 0 | 1. 2 3 3 | 2 1 7 | 1 - | 3 3.
了， 骨 头 架 子 都 要 散 了。 搬 哪！

2 2. | 1 1 2 3 0 | 3 3 3 2 0 | 2 2 2 1 0 | 6 6 6 1 0
搬 哪！ 唉 依 哟 嗬！ 唉 依 哟 嗬！ 唉 依 哟 嗬！ 唉 依 哟 嗬！

3 3. 2 | 1 2 0 | 3 2 0 | 1 1 0 | 3 3 3 0
笨 重 的 麻袋， 钢条， 铁板， 木头箱，

5 4 3 4 | 5. 5 | 4 4 0 | 3 2 1 2 | 3. 2 1. 2
都 往 我 们 身 上 压 吧！ 为 着 两 顿 吃 不 饱 的

3 0 | 5 5. | 3 3. | 3 3 3 2 0 | 2 2 2 1 0
饭， 搬 哪！ 搬 哪！ 唉 依 哟 嗬！ 唉 依 哟 嗬！

1 1 2 3 0 | 2 1 6 1 0 | 1 1 2 3 0 | 3 3 1
唉 依 哟 嗬！ 唉 依 哟 嗬！ 成 天 流 汗， 成 天 流

《苦力歌》

舞台剧《扬子江暴风雨》的终曲叫《苦力歌》，词作者是田汉。

1934 年 9 月 21 日，百代公司灌制了《扬子江暴风雨》的唱片，包括《码头工人》与《苦力歌》两首歌曲，聂耳及其森森唱歌队录音。

1936 年，上海群众歌咏团体负责人联席会议上，为了突出《苦力歌》的主题思想，会议决议为此歌改名。根据歌词的最后两个字"前进"，《苦力歌》被改名为《前进歌》。同时，歌词的首句也由"苦力们"改为"同胞们"。

《苦力歌》的曲谱初刊于《中国呼声集》。1985 年版《聂耳全集》收录《苦力歌》时，以《苦力歌》为正标题，以《前进歌》为副标题。

舞台剧《扬子江暴风雨》于 1934 年 6 月 30 日、7 月 1 日以庆祝麦伦中学校庆的名义正式公演，由左翼剧联于上海八仙桥青年会礼堂演出。聂耳才华横溢，除了作曲之外，还亲自担任该剧的导演、组织管理，并成功地扮演了剧中的男主角——打砖工人老王。

舞台上，他演得非常投入。面对"即将死去的孙儿和敌人的枪口"，他完全沉浸在巨大的悲痛与仇恨中，任凭泪水簌簌落下，滴在舞台上，也滴在观众心底。

观众们被发生在身边的一幕幕故事场景震撼了：在高潮阶段，码头工人拒绝搬运军火，并把它们扔进滚滚的黄浦江，日本水兵开枪打中了工人老王的孙子。压抑在观众胸中多时的怒火终于迸发，观众们愤怒地站起来，和演员们一起唱起了《苦力歌》："我们不做亡国奴，我们要做中国的主人……"。演出结束后，"誓死不当亡国奴"的怒吼声久久没有平息。

《扬子江暴风雨》剧中老王（聂耳饰）抱着被日兵无辜枪杀的孙子

这首令人热血沸腾、充满革命激情的歌曲，受到观众的热烈欢迎和进步报刊的一致好评，最终成为《义勇军进行曲》的前身。

1934 年夏天，聂耳还创作了《小野猫》《白雪歌》《卖报之声》《春日谣》4 首歌曲。

《小野猫》是一首儿童歌曲。4 段歌词，选自此新书局发行的《小学生》半月刊（主编陈伯吹）。1934 年 9 月 6 日，百代公司灌制了谈瑛录音的唱片。曲谱初刊于《青年礼赞》（李定编，1947 年于上海出版），只有两段词。1985 年版《聂耳全集》刊出的是 4 段歌词。

《白雪歌》是具有戏曲韵味的一首谐谑性歌曲。歌词出处不明，聂耳生前未出版过曲谱、唱片，没有遗留手稿。曲谱初刊于《新音乐》三卷二期。上海音乐书店 1949 年发行的《聂耳全集》中，此歌词作者署名为"苗子"。

《卖报之声》是聂耳答应为报童小毛头写作的又一首儿童歌曲。歌词选自《新诗歌》二卷一期（1934 年 6 月 1 日出版），原诗为《卖报童》，作者武蒂。1934 年 9 月 6 日百代公司灌制了龚秋霞录音的唱片。曲谱初刊于《新音乐》三卷二期，其后各种歌本的曲谱均与之相同。此谱与聂耳在场录音的百代唱片（聂耳担任小提琴助奏）相比，曲调及词曲结合 3 处有误，1985 年版《聂耳全集》中的曲谱与音响已据之校正。

《春日谣》的歌词选自《新诗歌》二卷一期（1934 年 6 月 1 日出版），作者鲁女。聂耳生前未出版过曲谱、唱片，没有遗留手稿。曲谱初刊于《新音乐》三卷二期。

《毕业歌》

1934 年夏天，聂耳为上海电通影业公司拍摄的故事片《桃李劫》创作了主题歌《毕业歌》。

上海电通影业公司是中国共产党在 1934 年春天领导组建的左翼电影的新阵地。20 世纪 30 年代，艺华影业公司被国民党反动派捣毁后，进步文艺工作者重新成立了电通影业公司，夏衍、田汉、司徒慧敏等都在那里任职。随后，大批左翼文艺工作者，如聂耳、袁牧之、孙师毅、陈波儿、王登、吴印咸、吕骥、贺绿汀等也先后投入了该厂的创作、表演、配乐以及摄制等工作。

上海电通影业公司成立后，马上投入了进步电影的拍摄工作，第一部影片就是《桃李劫》，编剧是袁牧之。这部影片的主题歌，取名为《毕业歌》，由笔名为"陈瑜"的田汉作词。

影片《桃李劫》有一幕是描写爱国青年在毕业典礼时集体高歌的场面，突出了青年们朝气蓬勃的精神面貌及对未来充满向往的情怀。伴随画面的《毕业歌》是一首进行曲风格的乐曲，以一群即将走出校园踏上社会的学生的口吻，唱出进步青年对国家命运和前途的担忧，以及爱国者报效祖国的理想抱负和决心，体现了革命青年在斗争中一往无前的英雄气概和坚强不屈的豪情壮志，富于强烈的时代气息。

聂耳在写这首歌时，以他之前创作过的《云南省立师范附属小学校歌》的音乐动机为基础，发展创作出新的旋律。他把原曲的节奏进行压缩，每一乐句变成了 3 小节，使得歌曲唱起来更干脆有力。

谱例 1　第 1 乐句

```
1·  3 5 0 | 6·  5 3 1 | 2  —  |
同   学 们!   大   家 起 来，

1 1  1 | 6· 1 6 5 | 3·  1 5  — |
担 负 起 天  下 的 兴      亡!
```

歌曲开门见山，首句就唱出全曲的主题。短促果断的附点节奏唱出青年学生的历史责任感，音乐有强烈的呐喊意味，号召性的旋律促使群众觉醒。后半句"担负起"3 个字的切分节奏使重音位置转移，突出主题。

谱例 2　第 2 乐句

```
>  >
6 6 0 | 3  2 3 | 6 6  3 | 5  5 0 |
听 吧，  满  耳是 大 众 的 嗟 伤!

1 1 0 | 1 6 5 | 3· 5 1 3 | 2 — | 1·  0 |
看 吧， 一 年 年 国  土 的 沦      丧。
```

"听吧！满耳是大众的嗟伤，看吧！一年年国土在沦丧！"第二乐句唱出了当时非常严峻的社会形势。

"听吧""看吧"后面都用了一拍的休止，使歌曲要表达的情绪步步高昂，十分形象地表现了青年学生们心中的无奈和愤怒，显示了一种内在的强大反抗力量。节奏上的创新，描摹了人民群众在革命斗争中富于典型意义的呻吟、愤怒、呐喊的语调。

谱例3 第3乐句

$$1 \cdot 2\ 3\ 4\ |\ 5\quad 6\quad |\ \dot{1}\quad 0\ 3\ 5\ |\ \dot{1}\quad 0\ |$$

我 们是要 选 择 "战" 还是"降"？

$$3 \cdot 4\ 5\ 6\ |\ 5\ 6\quad 5\ |\ 3\ 1\quad 3\quad |\ 2\quad -\quad |\ 2\ |$$

我 们要做 主人 去 拼死 在 疆 场，

而后，歌词中出现了自问自答的句式："我们是要选择'战'，还是'降'？——我们要做主人拼死在疆场，我们不愿做奴隶而青云直上……"

向上级进的旋律线和动力性的节奏的配合，使文辞显得更加词情恳切，使"选择"一词在歌者和听众的心中蓄积出无尽的革命力量，在无形之中已经预示了问题的答案。坚毅果敢的宣誓性答句中，连续两小节切分节奏使重音连续突出，完美地表达了青年学生的斗志与决心。

谱例4 结束句

$$1 \cdot 3\ 5\ |\ 6 \cdot 7\ \dot{1}\ |\ 0\ \dot{1}\ 6\ 5\ |\ 3\ \dot{1}\ \dot{1}\ 0\ |\ 0\ 5\ \dot{1}\ \dot{1}\ |$$

同 学们！ 同 学们！ 快拿出 力 量， 担负起

$$\dot{2}\dot{3}\ \dot{1}\ |\ \dot{2}\dot{3}\ \dot{1}\ |\ 2\quad -\quad |\ 2\quad -\quad |\ \dot{1}\quad -\quad |\ \dot{1}\quad -\quad |\ \dot{1}\ |$$

天下 的 天下 的 兴 亡！

全曲的结束句仍保持着附点音符节奏型，并重复运用连续两小节（$1 \cdot \underline{3} 5\ 0\ |\ 6 \cdot \underline{7} \dot{1}\ 0$），使得呼喊的语气更加激昂悲壮，充满了民族必胜的信念和力量。"巨浪，巨浪，不断地增长！同学们！同学们！快拿出力量，担负起天下的兴亡！"旋律上运用了大三和弦分解上行，衔接音阶上行至主音，将乐曲一步步推向高潮，使歌词中的每一个字都成为一个革命的口号，号召性更加鲜明，激发起人民心底的革命激情，让鲜明的革命旗帜矗立在青年人的心中。全曲在雄壮的战斗气氛中结束。

毕 业 歌

影片《桃李劫》主题歌

毕业歌

1=F $\frac{2}{4}$ ♩=130

田汉 词
聂耳 曲

进行曲 激昂 有力地

(1·3 | 5 6·7 | 1 01 | 65 31 | 55 67 | 12 34 | 5 5) |

1·3 5 0 | 6·5 3 1 | 2 — | 1 1 1 | 6·1 6 5 |
同 学们！ 大 家起 来， 担负 起天 下的

3· 1 | 5 — | 6 6 0 | 3 23 | 66 3 |
兴 亡！ 听吧， 满 耳是 大众 的

5 50 | 1 1 0 | 1 6 5 | 3·5 13 | 2 — |
嗟伤！ 看吧， 一年 年国 土的 沦

1· 0 | 1·2 3 4 | 5 6 | 1 035 | 1 0 |
丧。 我 们是要 选 择 "战" 还是 "降"？

3·4 56 | 56 5 | 31 3 | 2 — | 2 012 |
我 们要做 主人 去拼死 在疆 场， 我们

35 3 | 23 2 | 1· 3 | 2 — | 1· 0 |
不愿 做奴 隶而 青 云直 上，

3·4 5 5 5 | 6· 7 | 1 60 | 2 2 | 1 67 6 |
我 们今天是桃 李芬 芳， 明天 是社会 的

5 5 | 1·2 3 3 3 | 56 3 | 2 20 | 2 2 1 |
栋梁， 我们今天是 弦歌 在一 堂， 明天要

2· 1 67 | 1 1 6 | 5 — | 5 0 | 1 1 0 |
掀 起民 族 自救 的巨 浪！ 巨浪！

```
>  >
6 6 0 5 | 3 1 5 | 5  0 | 1. 3 5 | 6. 7 1 |
巨浪！ 不 断 地 增  长，    同 学们！ 同 学 们！

0 1 6 5 | 3 1 1 0 | 0 5 1 1 | 2 3 | 1 2 | 1 |
快 拿 出 力 量，   担 负 起 天 下 的 兴 亡！
```

```
        >  >
男  1 1 0 | 6 6 0 5 | 3 1 5 | 5  0 | 1. 3 5 |
    巨浪！ 巨 浪！ 不 断 地 增  长，   同 学们！

            >  >        >  >
女  0  0 | 1 1 0 | 6 6 0 5 | 3 1 5 | 5  0 |
            巨浪！ 巨 浪！ 不 断 地 增  长，
```

```
6. 7 1 | 0 1 6 5 | 3 1 1 0 | 0 5 1 1 | 2 3 | 1 |
同 学们！ 快 拿 出 力 量，   担 负 起 天 下 的

1. 3 5 | 6. 7 1 | 0 1 6 5 | 3 1 1 0 | 0 5 1 1 |
同 学们！ 同 学们！ 快 拿 出 力 量，   担 负 起
```

```
2 3 | 1 | 2 - | 2 - | 1 - | 1 - | 1 |
天 下 的 兴          亡！

2 3 | 1 | 2 - | 2 - | 1 - | 1 - | 1 |
天 下 的 兴          亡！
```

《毕业歌》在节奏上不断使用切分节奏，既突破了规整节奏的呆板，又包含着传统审美的平衡对称原则。这种平衡对称时而浓缩在一小节中，时而蕴含在整首曲调中，以短小的动机将人民的心声表达出来。

《毕业歌》唱出了全民族被压抑已久的呼声，演绎出中华民族的正气，它最终成为一首全民族的抗战歌曲。

1934 年 9 月 12 日，百代公司灌制了袁牧之、陈波儿等人录音的唱片。同年 12 月 6 日，《桃李劫》首映。上映时，影片公司将经过聂耳审定的活页歌谱印制赠给观众。10 月 28 日，上海《大晚报》初次印制了《毕业歌》的曲谱。

《大路》《开路先锋》

1934年8月和9月间，聂耳为上海联华影片公司（"联华二厂"）拍摄的进步电影《大路》创作了主题歌《大路歌》及序歌《开路先锋》。

主题歌《大路歌》的歌词由电影编导孙瑜亲自创作。在这首歌的创作过程中，聂耳曾去江湾上海新市区筑路工地，与筑路工人们一起拉铁碾，体验他们的劳动生活。

歌曲中，劳动呼号的音调穿插全曲，歌声在其基础上加花延长，成为更具鼓动性的旋律，配上"大家努力，一起向前，大家努力，一起作战"的歌词，产生振奋人心的效果。

聂耳写完《大路歌》之后，兴致勃勃地来到联华二厂附近孙瑜居住的延平村。不等打开皮包取出歌谱，他就在客室里做着工人拉起大铁碾压路的姿势，哼唱起《大路歌》来。他拉铁碾压路的动作非常熟练。看到这个情景，再看到聂耳脸上新近添加的一层褐色油光，孙瑜很快就猜出了聂耳过去一个月是在什么地方度过的。

大路歌

大 路 歌

电影《大路》插曲

孙瑜 词
聂耳 曲

1=F 2/4

广板

‖: 2 2 2 1 6 | 2ˇ 3 1 2 | 1 1 1 2 1 | 6·ˇ 1 #5 6 :‖
哼 呀 咳 嗬 咳！咳 嗬咳！ 哼 呀 嗬咳！ 咳嗬 咳 吭！

2 2 2 1 | 3 1 2 3 5 | 1 2 3 5. 3 | 1 2 3 0 2 1 |
大 家 一 齐 流血 汗！嗬 嗬咳！ 为 了 活命， 哪管

3 3 1 2 1 | 6 1 #5 6 | 2 2 2 1 | 3 1 2 3 5 |
日 晒 筋骨 酸。嗬 咳 吭！ 合力 拉绳 莫偷 懒,嗬

1 2 3 5. 3 | 1 2 3 0 2 1 | 3 3 1 2 1 | 6 1 #5 6 |
嗬 咳！团 结 一 心， 不怕 铁碾 重如 山。嗬 咳 吭

$$> \text{mf} \quad >$$
$$\underline{2\cdot222}\ \underline{3\cdot333}\ |\ \underline{2\cdot222}\ \underline{1\cdot166}\ |\ 5\cdot\ \underline{3}\ \underline{6}\ \underline{5}\ \underline{3}\ |$$

大 家 努 力！一 齐 向 前！大 家 努 力！一 齐 向 前！压　平 路 上 的

$$\underline{2\cdot}\ \underline{3}\ \underline{5}\ 0\ |\ \overset{f}{3\cdot}\ \underline{2}\ \underline{3}\ \underline{5}\ \underline{5}\ |\ \underline{6}\ \underline{5}\ \underline{3}\ \underline{2}\ 0\ |\ 5\cdot\ \underline{3}\ \underline{6}\ \underline{5}\ \underline{3}\ |$$

崎　岖，　碾 碎 前 面 的 艰　难！ 我 们 好 比

$$\underline{2\cdot}\ \underline{3}\ \underline{5}\ 0\ |\ \underline{3\cdot}\ \underline{2}\ \underline{3\cdot}\ \underline{2}\ |\ \underline{1\cdot}\ \underline{2}\ \underline{6}\ 0\ |\ \overset{>\ \text{mf}\ >}{\underline{2\cdot222}\ \underline{3\cdot333}}\ |$$

上 火 线，　没 有 退 后 只 向 前！ 大 家 努 力 一 齐 作 战！

$$\overset{>}{\underline{2\cdot222}}\ \overset{>}{\underline{1\cdot166}}\ |\ 5\cdot\ \underline{3}\ \underline{6}\ \underline{5}\ \underline{3}\ |\ \underline{2\cdot}\ \underline{3}\ \underline{5}\ 0\ |\ \underline{3\cdot}\ \underline{2}\ \underline{3\cdot}\ \underline{2}\ |$$

大 家 努 力！一 齐 作 战！背 起 重 担 朝 前 走，　自 由 大 路

$$\underline{1\cdot}\ \underline{2}\ \underline{6}\ 0\ |\ \overset{\text{mp}}{\underline{2}\ \underline{2}\ \underline{2}\ \underline{1}\ \underline{6}}\ |\ \underline{2}^{\vee}\ \underline{3}\ \underline{1}\ \underline{2}\ |\ \underline{1}\ \underline{1}\ \underline{1}\ \underline{2}\ \underline{1}\ |$$

快 筑 完。　哼 呀 咳 嗬　咳！咳 嗬 咳！哼 呀 嗬 咳

$$\overset{\vee}{\underline{6}}\ \underline{1}\ {}^{\#}\underline{5}\ \underline{6}\ |\ \underline{2}\ \underline{2}\ \underline{2}\ \underline{1}\ \underline{6}\ |\ \underline{2}^{\vee}\ \underline{3}\ \underline{1}\ \underline{2}\ |\ \underline{1}\ \underline{1}\ \underline{1}\ \underline{2}\ \underline{1}\ |\ 6\ -\ \|$$

吭！嗬 咳 吭！哼 呀 咳 嗬　咳！咳 嗬 咳！哼 呀 嗬 咳　吭！

《开路先锋》的词作者是施谊（本名孙师毅）。聂耳在创作这首歌时，用三声爆炸声响"轰轰轰"开篇，接着是爽朗、豪迈的笑声。这种概括升华并艺术化了的劳动呼号声，赋予歌曲革命乐观主义精神，是无产阶级不畏艰难困苦、乐观向上、对革命未来充满希望精神的体现。

开路先锋

1934 年 9 月 26 日，百代公司灌制了《大路歌》和《开路先锋》的唱片，由金焰领唱、影片《大路》的男演员集体演唱录音。两首歌曲的曲谱分别初刊于 1934 年 10 月 13 日和 10 日的《中华日报》。

《飞花歌》《牧羊女》

1934 年 10 月，聂耳为上海艺华影业公司拍摄的电影《飞花村》创作了主题歌《飞花歌》和插曲《牧羊女》。

飞花歌

　　主题歌《飞花歌》和插曲《牧羊女》的词作者都是施谊。《牧羊女》成为我国最早的一首电影儿童歌曲。

　　1934 年 10 月，美商胜利唱片公司为两首歌录制了唱片。《飞花歌》由胡萍、王明霄演唱，《牧羊女》由陈娟娟演唱。1934 年 12 月 6 日，上海《大晚报》刊登了《牧羊女》的乐谱。

　　电影《飞花村》于 1934 年 12 月 25 日首映。首映时，影片公司印制活页歌篇《飞花歌》和《牧羊女》赠给观众。1935 年，上海天明社编辑出版的《中外名歌三百首》再次收录了这两首歌曲。

"音乐年"

　　一九三四年是我的音乐年。

　　聂耳以自己在音乐创作上的辛勤劳动，实现了他在年初的预言。

　　自从入职百代以来，聂耳以惊人的毅力，全身心投入音乐创作中。前后 4 个月的时间，聂耳就为 2 部话剧、4 部电影写了 17 首主题歌或插曲，而且几乎每首歌曲都有个性、特色，都受到广大群众的欢迎，也经受了历史的考验。

　　为了提高自己的音乐创作水平，聂耳通过贺绿汀的介绍，跟随上海国立音乐专科学校俄籍教授阿萨柯夫（Aksakoff）学习作曲理论。[①]

　　除了作曲，聂耳还与任光一同举办了"百代新声会"，招待各界代表聆听新录制的进步歌曲，并将它们跟一些流行的、庸俗不堪的歌舞音乐进行比较。这对在群众中扩大进步歌曲的影响，抵制庸俗音乐的泛滥，起了很大的作用。

　　1934 年底，聂耳搬到淮海中路 1258 号三层阁楼居住。在这里，他以"王达平"为笔名，写了一篇综合性的评论文章《一年来之中国音乐》。

[①]　在 1935 年 4 月 1 日的日记中有这样的记载："在 Aksakoff 家习钢琴及 theory，自一九三四年八月十日起至一九三五年四月一日。"在他 1934 年 11 月 24 日给好友张庚侯的信件中也提及此事。

这篇论文以简洁的笔调评述了 1934 年我国音乐界在电影、广播、出版、演奏以及理论讨论等各方面的情况，充分肯定了电影音乐自《渔光曲》以来所取得的发展和成绩。

　　一九三四年的中国音乐界虽不曾有过丰美的收获，但它的光明的前途却已是预示了的。新音乐的新芽将不断地生长，而流行俗曲已不可避免地快要走到末路上去了。

1934 年 11 月底，由于百代唱片公司要撤销森森国乐队等原因，聂耳和个别同事先后提出辞职，离开公司。

<h2 style="text-align:center">回到“联华”</h2>

1935 年 1 月，聂耳回到上海联华影业公司，担任二厂的音乐部主任。这时，摆在聂耳面前的音乐创作任务可以说是应接不暇。

很快，聂耳为上海联华影业公司拍摄的进步电影《新女性》创作了主题歌和插曲共 6 首，并为整个影片配乐。6 首歌曲分别题为《回声歌》《天天歌》《一天十二点钟》《四不歌》《奴隶的起来》和《新的女性》。词作者是影片的编剧孙师毅。

在创作过程中，聂耳经常半夜起床，长途步行去观察沪西纱厂女工上早班的情况，观察她们生活的辛苦，也了解她们的思想和生活。

这部影片于 1935 年 2 月 2 日除夕夜首映。影片公司为观众印赠了活页歌篇。为了在首映式上演唱好这部组歌，聂耳专门组织起一个群众性的业余歌咏团体“联华声乐团”。聂耳亲自指挥身穿女工服的联华声乐团演唱这部新型组歌，给当时的观众留下了非常深刻的印象。

《新女性》的曲谱初刊于 1935 年 2 月 1 日的《联华画报》五卷三期。1936 年 2 月，百代公司灌制了黎莉莉、陈燕燕等青声歌咏队队员录制的唱片，并以“联华同人纪念阮玲玉（影片《新女性》女主角）逝世一周年”的名义出版发行。

聂耳与身穿女工服装的"联华声乐团"，在首映式前的合影

在创作《新女性》的同时，聂耳还为田汉编剧的三幕话剧《回春之曲》写了4首插曲——《告别南洋》《春回来了》《慰劳歌》《梅娘曲》，词作者均为田汉。

告别南洋

春回来了

慰劳歌

梅娘曲

话剧《回春之曲》于1935年1月31日至2月2日公演于上海金城大戏院。它是左翼剧联为了反击国民党反动政府的文化"围剿"，以"上海舞台协会"的名义，联合五十余位著名话剧、电影演员举行的一次盛大演出。

《告别南洋》是第一幕里首先出现的歌曲，由男主角演唱。它的曲谱初刊于上海明星影片公司于1935年8月16日出版的《明星》电影画报二卷三期。

《春回来了》是紧随《告别南洋》后女主角演唱的歌曲。它的曲谱初刊于1940年9月出版的《最新中外名歌集》。

《慰劳歌》是第二幕的插曲，由袁美云领唱。歌曲以民间音乐中说唱音乐的形式作为这首叙事抒情曲的表现方式。曲谱初刊于1936年出版的《民族革命的大众歌声》，戈东任编。

《梅娘曲》是第三幕中女主角演唱的插曲。曲谱初刊于1935年10月出版的《星歌集》第一期。

1935 年，田汉《回春之曲》剧本集在上海出版，这个集子收录了聂耳创作的 4 首歌曲的全部歌词。同时，百代公司也陆续灌制了这 4 首歌曲的唱片，《告别南洋》《春回来了》分别由《回春之曲》中扮演男女主人公的演员金焰与王人美演唱，《慰劳歌》由袁美云演唱，《梅娘曲》由王人美演唱。

创作与评论

1935 年 2 月至 3 月，聂耳还给上海艺华影业公司拍摄、阳翰笙编剧的电影《逃亡》创作了主题曲《逃亡歌》和插曲《塞外村女》；接着又为该公司新开拍的影片《凯歌》（编剧田汉）写了主题曲《打长江》和插曲《采菱歌》；又为其他电影创作了《采茶歌》《茶山情歌》两首电影插曲。

《逃亡歌》和《塞外村女》均由唐纳作词。《逃亡歌》的曲谱最早见于 1935 年 3 月 24 日发行的《大晚报》。《塞外村女》的曲谱最早见于 1935 年 3 月 25 日的《中华日报》。这首歌有着浓厚的南方民歌小调韵味，旋律婉转优美，曲调清新，委婉地诉说着对黑暗社会的不满。电影《逃亡》于 1935 年 3 月 28 日首映。

塞外村女

《打长江》是在《开路先锋》创作思路上的延续，此曲中虽没有清晰可辨的劳动呼号，却有着劳动呼号下隐含的坚定、稳健的时代激情。它的曲谱初刊于上海电通影片公司《电通》半月画报第七期（1935 年 8 月 16 日出版）。《采菱歌》曲谱初刊于《聂耳全集》（1949 年于上海出版）。

打长江

《打长江》和《采菱歌》这两首歌曲，后来因故未用于 1936 年元旦首映的电影《凯歌》。艺华影业公司另请任光以田汉的词，为影片《凯歌》写作了两首同名歌曲。

采菱歌

1935 年春，聂耳创作了《采茶歌》《茶山情歌》两首歌曲，曲谱均刊于《新音乐》三卷二期（1941 年 9 月 1 日于重庆出版），未署词作者姓名。这两首歌曲可能是为吉星影片公司拍摄的影片《年年明月夜》（编剧左明，1936 年初首映）写的插曲，后因故未用于该影片。

聂耳在上海住室的一角

1935 年 3 月中旬，聂耳与当时左翼文艺界的有关同志一起去观摩了俄籍作曲家阿夫夏洛穆夫创作的中国乐剧《香篆幻境》，并在事后写了一篇评论《观中国哑剧〈香篆幻境〉后》。

在这篇文章中，聂耳既肯定了在外国音乐家当中阿夫夏洛穆夫是唯一真正对中国音乐做过认真研究，并力求通过音乐来反映中国社会生活的作曲家，同时也中肯、深刻地指出阿夫夏洛穆夫这些作品中存在的缺点，即对中国社会生活理解的肤浅以及喜欢用自然主义的手法来反映一些社会生活的表面现象，并认为这正是外国人对所谓"中国风味"的偏见。①

这篇文章后来作为聂耳的遗稿发表在 1935 年 8 月出版的《电通》第七期。

《铁蹄下的歌女》

1935 年 1 月，上海电通影片公司开拍一部进步电影《风云儿女》，原作田汉，电影文学剧本由夏衍改编，分镜头剧本由导演许幸之写作。影片描写了抗日战争时期几个年轻人颠沛流离的生活。剧中的孤女阿凤饱受生活折磨，沦落为歌舞班的歌女。

3 月，聂耳为剧中"到处哀歌""永远的漂流"的歌女写下了《铁蹄下的歌女》。这首歌曲将阿凤对日寇奴役下苦难生活的哀怨、控诉描写得淋漓尽致。

《铁蹄下的歌女》由许幸之作词，歌词朴素简练、真挚、形象鲜明，与旋律融合得自然贴切。它的音乐朴实感人，借鉴了西洋歌剧咏叹调的朗诵式旋律风格，在艺术上富有新意，准确真实地表达了人物的思想感情。

歌曲采用三段体式音乐结构，每一乐段都由 4 个乐句构成。乐段设计各

---

① 阿夫夏洛穆夫是一位从 20 世纪 20 年代就长期定居中国的俄籍音乐家，作为一个外国音乐家，他确实对中国很友好，与中国进步文艺界有较好的关系，并认真学习、研究过中国音乐，有志于创作具有中国特点的音乐作品。因此在该剧上演前，左翼文艺界孙师毅、欧阳予倩、聂耳、任光、吕骥、贺绿汀等人曾约好同去看剧，并发表评论。这就是聂耳写作这篇文章的背景，文章写好后也是由孙师毅送《电通》发表的。

有不同，加强了歌曲的表现力，多层次地刻画出被蹂躏歌女的悲惨生活和内心的痛苦与无奈。

前奏从弱拍开始，以下行曲调表达出哀怨的情绪。第一段，描写的是歌女的悲惨境遇，表现了歌女们不被理解的无奈以及不甘心沦为亡国奴和倍受凌辱的痛苦心情。曲调带有叙述性，速度缓慢，唱词为："我们到处卖唱，我们到处献舞，谁不知道国家将亡，为什么被人当作商女。"之后的间奏同样以下行音调出现，刻画出沉着有力的音乐形象。

铁蹄下的歌女

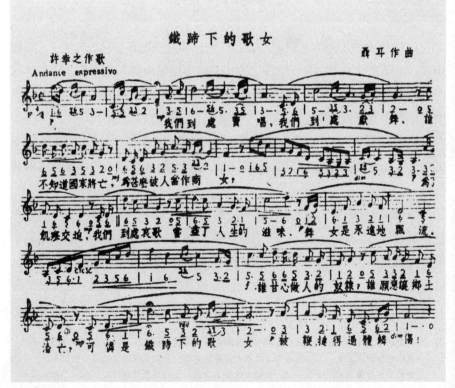

《铁蹄下的歌女》

第二段，转入声泪俱下的叙述，突出了"尝尽了人生的滋味，舞女是永远的漂流"的哀怨。连续采用的弱起节奏，在语气上加强了对凄苦生活的控诉。随后的间奏采用级进上行音调，营造出急速的、不稳定的氛围。

第三段是不平的呐喊，音乐采用了宣叙调的写法，把歌女内心所蕴藏的崇高爱国热情充分展露了出来，表达了歌女"被鞭挞得遍体鳞伤"后不可抑制的愤怒之情。音乐从全曲最低音迅速进行到最高音，并做自由延长，创造了全曲的高潮。一曲悲歌蕴含着感动人心、催人泪下的震撼力。

影片《风云儿女》于1935年5月24日首映，《铁蹄下的歌女》成为20世纪最具代表性的电影歌曲之一。它的曲谱初刊于1935年5月8日《大晚报》。同年4月25日，王人美在百代公司灌制了唱片。

《义勇军进行曲》

除了插曲《铁蹄下的歌女》，聂耳还为影片《风云儿女》创作了主题歌，这就是后来成为中华人民共和国国歌的《义勇军进行曲》。实际上，这首主题歌还创作在《铁蹄下的歌女》之前。

1935年1月，聂耳从孙师毅那里得知影片《风云儿女》的主题歌需要谱曲。之前，编剧田汉留给夏衍几页纸的《风云儿女》影片梗概，里面还夹着一张香烟盒衬纸，上面写着《义勇军进行曲》的歌词，夏衍将它交给孙师毅。

得到主题曲需要谱曲的消息，聂耳便主动跑去找夏衍"抢工作"。他很快找到夏衍，一见面就张口："听说，《风云儿女》的结尾有一个主题歌？"

夏衍给聂耳看了电影剧本。这个剧本的故事聂耳早已知道，所以剧本一拿到手，他就找最后的那一首歌词。他念了两遍歌词，很快地说："作曲交给我。"还等不及夏衍开口，聂耳已经伸出手来和夏衍握手了。"作曲交给我。"他重复了一遍，"田先生一定会同意的。"

就这样，聂耳主动承担了《义勇军进行曲》的谱曲工作。

1935年2月，由于党内潜伏特务的出卖，中共江苏省委与上海文委遭到国民党反动政府破坏，田汉于2月19日不幸被捕入狱。聂耳未能同田汉见上一面。

这段时间，聂耳的工作相当紧张和繁忙，还来不及把主要的精力投入《义勇军进行曲》的创作，所以主要是酝酿和构思。

约1935年3月下旬，聂耳开始动笔写作。他和孙师毅对《义勇军进行曲》歌词原稿进行了改动，将原来田汉写的一段歌词扩展为两段，并调整了部分细节。例如，原歌词是"冒着敌人的飞机大炮，前进！"被改为"冒着敌人的炮火，前进！冒着敌人的炮火，前进！前进！前进，进！"

在写这个曲子时，聂耳完全被义勇军救亡感情激励着，创作的冲动像潮水一样从思想里涌出来，简直来不及写。初稿是一气呵成的，两夜工夫就写好了。

《进行曲》（即《义勇军进行曲》）手稿

初稿写好之后，聂耳花了将近两个礼拜的时间来修改。他吹着小喇叭奏出《义勇军进行曲》的曲调，并将这首歌唱给周围的同志和群众听，这里面包括许幸之、吕骥等同志，还包括负责录音工作的司徒慧敏的母亲。

许幸之听了聂耳试唱的《义勇军进行曲》后，问聂耳"你是不是受了《国际歌》和《马赛曲》的一些影响？"

"对啊！"聂耳坦率地承认说，"是受了一些影响的，不过它比《国际歌》更明快、比《马赛曲》更激昂。你不觉得吗？"

"是的。不过还可以更好一些。"许幸之提出了修改建议："起句显得低沉了一些，而最后一句还不够坚强有力。是否应当减少一些装饰音，形成一个坚强有力的煞尾？"

聂耳经过一番思索之后，便拿起桌上的铅笔，修改起来。修改后，两人不约而同地合唱。起句比原先激昂得多了。末尾去掉了那些装饰音，改为："我们万众一心，冒着敌人的炮火前进！冒着敌人的炮火前进！前进！前进！进！"

由于增加了叠句，最后三个"前进"以铿锵有力的休止符煞尾，把那坚决、勇敢、迈着矫健步伐挺身前进的情绪，表现得更加明快、强烈。

逃离上海

1935 年，反动政府采取公开镇压的手段来维持自己的统治地位。2 月 19 日，中共江苏省委和左翼文化总同盟先后被破坏，丁玲、阳翰笙、赵铭彝等左翼文艺家也相继被捕。

4 月 1 日传来了聂耳也有被捕危险的消息。党组织为了保护这位年轻有为的忠勇战士，决定批准他暂时出去躲避一段时间。而要在反动派动手之前设法逃离，唯一可靠的办法就是暂时跑到国外去。党组织让他先去日本考察，然后转赴欧洲或苏联学习。

经过半个月的紧张准备，聂耳将影片《风云儿女》的配乐托付给贺绿汀继续完成。《义勇军进行曲》的初稿征求了大家的意见以后，也只得带到日本继续加工、修改。

15 日，聂耳借口到日本与三哥聂叙伦一起做生意（其实，三哥聂叙伦早已不在日本而在昆明），登上了日轮"长崎丸"，离沪赴日。[①]

18 日，聂耳抵达日本东京。

一到东京，聂耳就去找好友张天虚。也出于近乎相同的原因，1935 年 3 月，为逃避国民党当局追捕，张天虚被迫离开上海，比聂耳早一个月先到达日本。经火车、汽车的辗转，聂耳直奔张天虚的住所。他们畅叙别情，交谈对国内革命事业的看法，一同游览了东京的名胜古迹。

聂耳继续他未完成的音乐创作，还就有关电影《新女性》的音乐创作和修改问题给吕骥写了一封长信。

在此期间，他一方面受到友好人士的热情接待，一方面也看到军国主义分子大肆鼓噪"扩大在支那利益"，并磨刀霍霍。他获得了极大的灵感，于 1935 年 4 月完成了《义勇军进行曲》的定稿，并迅速将乐谱寄回上海，收件人是孙师毅和司徒慧敏。

1935 年 5 月 3 日，《风云儿女》的演员袁牧之、顾梦鹤等人在百代公司灌制了唱片，负责该片配乐的贺绿汀约请百代公司音乐顾问阿夫夏洛穆夫编配了乐队伴奏。

同年 5 月 11 日，《中华日报》刊登了《义勇军进行曲》的曲谱。6 月 1 日，《电通》画报第二期"风云儿女特辑"全文刊登了《风云儿女》的电影故事。之后，主编孙师毅在画报上，把聂耳修改、谱曲后的《义勇军进行曲》的歌词，附在了田汉原作后面。

1935 年 12 月 31 日，中国留日学生在日本东京出版的《聂耳纪念集》里，影印有聂耳的手稿，此歌的名称为《进行曲》。

[①] 在 1935 年 4 月 15 日的日记中，他这样写："所谓'牛皮'生意，经过十五天的准备，居然能在今天告一段落了。……到汇山码头已经八点钟，'长崎丸'的三等舱里挤满了中国人。……船开不久，检察官来了，我有的是文凭，惬惬意'派司'[Pass（通过）的谐音]了。"在聂耳 4 月 9 日给他母亲的信中也曾提道："生活变迁之快，实在给人想不到，我将在最近两三天内要动身到日本去……大概在日本有四五个月的耽搁。"

《义勇军进行曲》海报

义勇军进行曲

义勇军进行曲

电影《风云儿女》主题曲

田汉 词
聂耳 曲

1=G 2/4

进行曲速度 庄严地

(1. 3 5 5 | 6 5 | 3. 1 5 5 5 | 3 1 | 5 5 5 5 5 5 |

1) 0 5 | 1. 1 | 1. 1 5 6 7 | 1 1 | 0 3 1 2 3 |
　　起 来！　不 愿 做 奴 隶 的 人 们！　把 我 们 的

5 5 | 3. 3 1. 3 | 5. 3 2 | 2 - | 6 5 | 2 3 |
血 肉，　筑 成 我 们 新 的 长 城！　中 华 民 族

5 3 0 5 | 3 2 3 1 | 3 0 | 5. 6 1 1 | 3. 3 5 5 |
到 了 最 危 险 的 时 候，　每 个 人 被 迫 着 发 出

2 2 2 6 | 2. 5 | 1. 1 | 3. 3 | 5 - | 1. 3 5 5 |
最 后 的 吼 声。起 来！ 起 来！ 起 来！　我 们 万 众

6 5 | 3. 1 5 5 5 | 3 0 1 0 | 5 1 | 3. 1 5 5 5 |
一 心，　冒 着 敌 人 的 炮 火 前 进！ 冒 着 敌 人 的

3 0 1 0 | 5 1 | 5 1 | 5 1 | 1 0 ‖
炮 火 前 进！ 前 进！ 前 进！ 进！

伟大创造

《义勇军进行曲》是一首极富创造性的歌曲，倾注了作曲家聂耳巨大的激情与心血。他匠心独运地将自由体新诗谱写成铿锵有力的进行曲风格歌曲，无论在歌曲音调与歌词声韵的结合上，还是西洋音乐体裁与民族音乐风格的结合上，都处理得天衣无缝，使整首歌曲有浑然天成之感。

在旋律创作上，他把这首散文诗般的歌词，按照音乐的规律，处理得异常生动、有力和口语化。

歌曲前奏，是不可或缺的 6 小节的军号独奏，铿锵有力的节奏和明亮雄壮的旋律，犹如吹响了战斗的号角。三连音的使用，平添了一种战场的紧张感，明显增强了歌曲的战斗氛围，极好地展现了歌曲的号召力。

谱例1　前奏

$$(1 \cdot 3\underline{5}\underline{5} \mid 6 \quad 5 \mid 3 \cdot \underline{1}\overset{3}{\underline{5}\underline{5}\underline{5}} \mid 3 \quad 1 \mid \overset{3}{\underline{5}\underline{5}\underline{5}} \ \overset{3}{\underline{5}\underline{5}\underline{5}} \mid 1)$$

短小精悍的前奏蕴含了整首歌曲情感的基础，歌曲在这一基础上环环相扣、层层推进。可以说歌曲感情的升华和后半部分高潮的到来都与此前奏密不可分。

聂耳根据田汉所作歌词的分句特点，把这首歌曲处理成 6 个长短不等的乐句，形成了自由体结构。虽然每个乐句的旋律、结构都各不相同，但乐句与乐句之间，衔接紧密、发展自然，唱起来起伏跌宕、浑然一体。

歌曲前两句"起来！不愿做奴隶的人们！把我们的血肉，筑成我们新的长城！"是带有号召性的歌词。弱起加附点的节奏，配以上行的旋律，给人十分紧迫、坚定有力的感觉，显得庄严雄伟而又富有推动力。

谱例 2　第一、二乐句

$$0 \ \underline{5} \ | \ 1 \cdot \quad \underline{1} \ | \ \underline{1} \cdot \ \underline{1} \ \underline{5} \ \underline{67} \ | \ 1 \quad 1 \quad | \ 0 \ \underline{3} \ \underline{1} \ \underline{23} \ |$$
起　来！　不　愿　做　奴　隶　的　人　们！　把　我　们　的

$$5 \quad 5 \quad | \ 3 \cdot \ \underline{3} \ \underline{1} \cdot \underline{3} \ | \ 5 \cdot \ \underline{3} \ 2 \quad | \ 2 \quad - \quad |$$
血　肉，　筑　成　我　们　新　的　长　城！

第三句"中华民族到了最危险的时候"是歌词中最重要的警示句，犹如向整个民族传达了发人深省的警报。这里出现了全曲中最高、最强音"6"。"到了"之后的休止使"最危险的时候"非常突出。这呐喊、疾呼的音调蕴含着强大的号召力。

谱例 3　第三乐句

$$\overset{>}{6} \ \overset{>}{5} \ | \ \overset{>}{2} \ \overset{>}{3} \ | \ \underline{5} \underline{3} \ 0 \ \underline{5} \ | \ \underline{3} \underline{2} \underline{3} \underline{1} \ | \ 3 \quad 0 \quad |$$
中　华　民　族　到　了　最　危险的时　候，

原歌词接着是"每一个人被迫着发出最后的吼声"，聂耳对它进行了微调，省去"一"字，并将其在中低音区进行了密集型的处理，最终派生出这样一句豪放有力的呐喊："起来！起来！起来！"

谱例 4　第四乐句

$$\underline{5} \cdot \ \underline{6} \ \underline{1} \ 1 \ | \ 3 \cdot \ \underline{3} \ \underline{5} \ 5 \ | \ 2 \ \underline{2} \underline{2} \ \underline{6} \ | $$
每　个　人　被　迫　着发出　最　后　的吼

$$2 \cdot \quad \underline{5} \ | \ 1 \cdot \quad 1 \ | \ 3 \cdot \quad \underline{3} \ 5 \ | \ - \quad |$$
声。　起　来！　起　来！　起　来！

3 次"起来！"的呐喊之后，推出全曲的中心思想和高潮："我们万众一心，冒着敌人的炮火前进！"号角式的前奏音调再次出现，前后遥相呼应，使歌曲的主题得到进一步肯定。

谱例5　结束句

1·<u>3</u> 5·<u>5</u> | 6　5 | 3·<u>1</u> <u>5̂5̂5̂</u> | <u>30</u> <u>10</u> | 5̇ 1 |

我 们 万 众 一 　心， 冒 着 敌 人 的 炮 火 　前 进！

3·<u>1</u> <u>5̂5̂5̂</u> | <u>30</u> <u>10</u> | 5̇ 1 | 5̇ 1 | 5̇ 1 | 1 0 ‖

冒 着 敌 人 的 炮 火 　前 进！ 前 进！ 前 进！ 进！

　　重复就是力量。结尾时再三强调"前进"，在这3个"前进"之后，聂耳还出色地添加了一个"进"字，使歌声更雄浑有力更富有特色，同时也加强了这首战歌的终止感。

浑然天成

　　《义勇军进行曲》的音乐结构有很明显的独特性。它不同于大多数音乐作品都遵循的传统方整性结构原则，而是受另外一种原则支配，形成一种长短句结合的多乐句独立单乐段结构。

　　《义勇军进行曲》由连同前奏在内的 8 个乐句组成。歌曲的曲式段落几乎都是按严格的 0.618 来划分。完美的黄金分割比例，使得段落既规整又具有张力。

　　整体上看，《义勇军进行曲》全曲含前奏与尾声共 37 小节，前后两个大段落的分割处，正好在全曲的黄金分割点，第 23 小节。

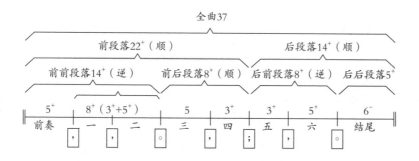

★《义勇军进行曲》音乐结构图

　　局部来看，第一二乐句分别是 3 小节加 5 小节。如果将两句看作一个整体（8 小节），两句间隔处正好也处于黄金分割点上。同理，第三句（5 小节）、第四句（3 小节）之间也有一个黄金分割点；第五句（3 小节）、第六句（5 小节）亦然。

　　如果将前奏（5 小节）和第一二句（8 小节）看作一个整体，那么它们之间的间隔也处于黄金分割点上。同理，第五六句和结尾之间，也有一个黄金分割点；前奏、第一、第二句和第三、第四句之间，也有一个黄金分割点。

　　这种 3+5=8 或者 5+3=8 的数列模式，在乐句中体现为两个奇数小节的常规乐句组合成 8 小节的大乐句，从而形成一种非方整性结构中的方整感，也正符合我国民间锣鼓音乐中的"合八体"（又叫"鱼合八"）结构。这种特殊规律的音乐结构，体现了非方整与方整的完美转化，具有很强的哲学性和逻辑性。

中西合璧

　　在音乐调式上，《义勇军进行曲》将欧洲大小调式体系的结构原则和发展手法同中国五声性调式体系的结构原则和发展手法相融合。

　　全曲将民族音乐"宫调式"与西洋音乐"大调式"有效对接，二者完美结合。整首歌曲中，除了主体音乐首句的过渡音出现了变音"7"外，其余乐句都是民族音乐五声音阶。但军号式的音调，尤其是以大调主三和弦作为骨干音贯穿在整个歌曲中，使歌曲具有激昂奋进、明亮坚定的感觉，突出了进行曲的风格特征。

在主题音调上，《义勇军进行曲》的旋律既有五声调式结构中"三音组"的特点，又吸收了西方革命歌曲、进行曲中的"四音列"特征，将两者有机地结合在一起，达到了风格的统一。三连音节奏的使用好似进军的鼓声，在人们的心田敲响。

从旋律发展创作技法来看，《义勇军进行曲》以一个动机主导整个旋律发展，并与我国民族音乐常用的乐曲发展手法"起承转合"巧妙地融合到一起，特性音调得以深化和发展。全曲中纯四度上行跳进的音乐进行，几乎贯穿于整个音乐的发展。

聂耳创造性地采用"核心音调"贯穿音乐发展的手法，并以特性音调为核心，强调徵音上方大二度羽音，将商音、变宫音作为过渡性的色彩音进行。这使乐曲的进行曲风格鲜明，坚实有力。结尾的纯四度连续跳进的音乐素材与起拍遥相呼应。

《义勇军进行曲》创造了中国音乐的新风格，带给中国歌曲嘹亮激昂的气势，使中国的民族音乐展现出铿锵有力、激昂恢弘的一面。

响彻中华大地的《义勇军进行曲》从诞生之日起就掀起了中华民族大众的爱国热潮，激励着一代又一代的中国人奋勇向前，永不停歇。它当之无愧地成为 20 世纪里程碑式的艺术作品，成为西洋音乐与民族音乐和谐相融的典范。

在中华民族浴血奋战的抗日战争时期，《义勇军进行曲》作为东方的《马赛曲》，吹响了中华民族解放的号角，激励着中华民族奋勇前进，鼓舞着中华儿女抵抗侵略的决心与信心。

与《义勇军进行曲》相同，聂耳创作的一些抗日救亡题材的歌曲，如《前进歌》《毕业歌》《自卫歌》等，也是在民族音乐基础上借鉴外国歌曲音调和技法的代表作品。

这些歌曲，既运用了符合大众审美习惯的民族风格性的音乐语言，又汲取了西方音乐创作技法，将两者巧妙地融汇在一起，汇成了中华民族大众的"新声"。

替大众呐喊

东北沦陷以后，聂耳用笔蘸着满腔的热血，把忧国忧民的愤懑激情灌注进乐曲之中。他和全国苦难的人民在被压迫的黑暗时代里同呼吸、共患难、齐奋斗，谱写了一支支呼唤民众奋起抗日的战歌，点燃了亿万群众心头的烈焰。

为人民而歌、为劳苦大众而歌、为时代而歌，是聂耳创作的核心宗旨。聂耳的创作是时代和艺术相结合的产物。聂耳在特殊的历史时空，创造了新的音乐形式，赋予了音乐新的性格。

时代需要什么音乐？中国需要什么音乐？聂耳曾经很明确地回答过这个问题：

> "什么是中国的新兴音乐？"这是目前从事音乐运动者，首先要提出解决的问题。我们知道音乐和其它艺术，诗、小说、戏剧一样，它是代替着大众在呐喊。
>
> （聂耳日记　1935 年 6 月 3 日）

艺术来源于生活。聂耳的音乐中充满了浓郁的生活气息。他非常注重将现实生活的真实音响融入到创作中。

从 1932 年起，聂耳就以劳苦大众的呻吟、怒吼做动机进行创作，写出了《开矿歌》《码头工人》《大路歌》《开路先锋》等一系列带有劳动呼号音调的歌曲，表现工人阶级形象。

但他并不局限于摹仿，而是在把握现实生活的情况下，将核心音乐动机加以"反复与变形"，进而艺术化、形象化、标志化地发展、升华、提炼，为我所用，使码头工人、开路工人、开矿工人等形象活生生地展现在我们面前。

聂耳认为，只有这样，才不致于"轻描淡写地过去了"。音乐创作源于生活又高于生活，正是聂耳音乐创作成功的重要经验。

聂耳是中国现代音乐史上最重要的能站在劳苦大众的立场上进行创作的

音乐家。他曾在日记中写道："不能和大众接近的是成为过去的东西了。"

他认为，音乐应"代替大众在呐喊，大众必然会要求音乐的新的内容和演奏，并作曲家的新的态度"。"革命产生的新时代的音乐家们，根据对于生活和艺术不同的态度，贯注生命。"

正是在这种新思想的指导下，他在音乐创作的选材上更加接近劳苦大众。他不是站在劳苦大众之外，去表达劳苦大众的不幸；而是置身其间，饱蘸着劳苦大众的感情去写，不仅写出了他们痛苦的呻吟，也道出了抗争的呼声，唱出了他们对光明未来的向往和追求。

为生活艰难挣扎的报童，不甘心当牛做马的筑路工人、码头工人，挣脱了封建桎梏的"新女性"……这些社会底层人物的形象许多都是首次以音乐的形式正面被表现出来。正是由于将革命的思想注入到了新颖的题材中去，聂耳的音乐才具有如此旺盛的生命力。

群众的艺术

聂耳非常关心自己音乐作品的服务对象。他清晰地将他所作的歌曲定位为大众的歌曲，将其服务的对象定位为劳苦大众。他用自己伟大的艺术创造奉献给最普通的、最"平凡"的人民群众。

为了让最广大的人民群众，包括那些没有条件学习音乐、提升音乐素养的人，能够接受他所创作的歌曲及其表达的思想，聂耳选择用简单、生动的音乐语言，来表达人民的思想感情。

自然流畅同时又不乏新鲜感的曲调有着显著的"群众性"的特点：音域普遍较窄；节奏简单明了，坚强、短促、有力；简洁的曲体结构；质朴的音乐形象。无论什么体裁的音乐，他都注意照顾到一般群众的演唱能力和特点，很适合于群众歌唱。

在聂耳笔下，流传甚广的《毕业歌》的音域只有十度，《义勇军进行曲》为九度，《卖报歌》八度。曲调大多在中声区徘徊变化。除了极个别歌曲的音域达到十二度以外，聂耳的歌曲音域一般都不超过十度。

这些歌曲的节奏大多短促有力、简洁明快，没有太多技能技巧的重负，显示出率真、坦荡的气质特点。这对没有经过专门训练的音乐爱好者来说非常适宜，所以一经推出就能很快得到流传和推广。

开路先锋

聂耳的创作无论是从其艺术形式还是艺术形象上都大胆创新，不拘泥于传统和框架，真正做到了革命内容和艺术形式的完美结合，从而使他成了中国无产阶级革命音乐的开路先锋。

聂耳的创作立足于民族音乐优秀传统。他的作品有时直接引用民间音乐素材加以改编，有时将中国民间音乐素材融会贯通加以发展，有时也在此基础上借鉴吸收外国革命歌曲的音调、技法进行创作。

在此基础上，聂耳创造性地谱写出具有强烈时代精神的大众歌曲。这些歌曲大多采用进行曲的风格，以大三和弦的分解贯穿全曲，音乐铿锵有力、坚定沉着，犹如时代奔腾的怒潮奔涌向前，有力的节奏与饱含激情的旋律向人民发出战斗、前进的呐喊。

正如聂耳自己所言："这些歌曲我们现在都能听到，它能给予我们的感觉和一些流行的歌曲不大相同。这里没有'靡靡之音'，有的却仅是雄劲和壮健。歌词和曲调，不论是内容还是形式上都配合得很为恰当，绝非一般善于抄袭者所能办得到的。"

聂耳在创作上从不因循守旧。他的歌曲既有浓郁的民族色彩，又有强烈的时代气息；既有鲜明的形象特征，又有严密的组织结构。这种结构与陈规束缚的框格绝然不同，而是与音乐形象融合无间的崭新的形式、崭新的韵律。

聂耳歌曲创作的杰出成就，是他自觉地运用新的创作方法的结果。他批判地吸收外国音乐的创作技巧和经验，与我国民族音乐的传统创作技法相结合，创造出一种具有新的气质的音乐风格语言。

聂耳对生活和艺术抱有一种新态度。他能立足于现实，在深刻揭露现实生活中矛盾的同时，始终洋溢着革命的乐观主义精神。也正是基于这样的态度，他在歌曲的艺术形式上做了创造性的革新。他第一次使中国群众歌曲提高了艺术价值，奠定了这种体裁的历史地位。

日本流亡

在日本东京期间，聂耳加入了"左翼联盟"东京支盟所属的"戏剧之家"。

出于对日语的兴趣，聂耳还去张天虚所在的东亚日语补习分校听课。他为自己制订了"三个月计划"，迅速掌握日语，是其中一项重要的内容。

聂耳还进行了许多有关日本文艺活动的观摩、考察活动。他考察了日本音乐、戏剧、电影等方面的动态，多次去观赏歌剧、话剧、舞剧及音乐会演出，还参观了不少剧场和电影制片厂。他曾把自己的观感写成《日本影坛一角》《法国影坛》《苏联影坛》等报道文章，寄给国内发行的电影音乐刊物《艺声》发表。

同时，聂耳也积极地向日本文艺界以及中国留日学生群体介绍中国音乐的新发展。

6月3日，在张天虚引荐下，应中国留日学生及左翼文化人士之邀，聂耳出席了由杜宣、蒲风主持的中国留日学生第五次"艺术聚餐会"，做了一次题为《最近中国音乐界的总检讨》的讲演。他严肃批判了当时中国社会上流行的靡靡之音，并演唱了他自己在国内作曲的《义勇军进行曲》《码头工人歌》《大路歌》，以及他与张天虚新创作的《统一战线》《救国后备军》等歌曲，形象地介绍了新时代音乐。6月16日，聂耳又应邀出席了中国留日诗人的"诗歌座谈会"。

英年早逝

暑期来临，1935年7月9日，应友人之约，聂耳与张天虚暂别，到神奈川县的藤泽市度假。不曾想，这一别，竟成了终生遗憾的永别！

7月17日下午，聂耳与友人共赴藤泽町鹄沼海滨游泳时不幸溺水，无情的海浪夺走了聂耳年仅23岁的宝贵生命。音乐界巨星陨落，艺术园草木皆悲。

1937年10月1日聂耳的骨灰安葬在家乡昆明市秀丽的西山上

上：聂耳骨灰瓶

下：聂耳的亲友楚图南（右六）、杨一波（右七）、赵沨（右三）、徐嘉瑞（左三）、林志音（右一）、
郑一斋（右八）、聂子明（左一）、聂叙伦（左二）等人在墓前留影

就在聂耳出事的前一天至前三天（7 月 14 日至 16 日），聂耳还对自己在日本的第一个"三个月计划"期的学习、生活，做了认真的总结，写了题名为《三个月的检讨》的日记。

日记中，他肯定了三月来自己在日语学习和小提琴自修上的进步和努力，以及参观、观摩音乐艺术的收获，同时也检讨了自己在钢琴学习和作曲上的放松，并提出了今后的努力方向。

一个自幼聪颖过人，依靠刻苦自学和艰苦磨炼，在人生道路上不断探索、成长的革命者，无声地倒下了；一个富于感情、热爱生活、热情爽朗、乐观风趣的艺术家，悄悄离开了人世；一个中国革命音乐运动的先行者、开拓者，在他艺术上大步起飞之时，突然放下未竟的事业，抛下他所热爱的祖国和人民，撒手人寰。这是中国近代音乐史上巨大的损失。

张天虚听闻聂耳遇难的噩耗悲痛万分，他迅速赶赴聂耳遇难现场，料理后事。经历一番交涉，聂耳的遗体得以火化，并由张天虚带回东京。

8 月，东京"左联"支盟为聂耳组织了追悼会。杨式谷、杜宣、蒲风、李华飞、吴琼英、高衮父等 50 余人参加追悼会。会上，张天虚介绍了聂耳的生平、革命业绩和为革命作出的伟大贡献。12 月 31 日，由张天虚、蒲风合编的《聂耳纪念集》在东京出版。

1936 年初，张天虚和郑子平把聂耳的骨灰盒、小提琴、日记、衣服等遗物护送回国，存放在上海郑易里处。这些遗物中，有不少从昆明带去的缅桂花瓣，一直放在聂耳随身携带的箱子里。

1937 年 8 月，聂耳的骨灰由三哥聂叙伦设法带回到昆明，安葬在昆明西山。

高度评价

聂耳去世后，国内文艺界人士举行了规模宏大的哀悼活动。大批革命文艺工作者以悼文、悼词形式表达自己对聂耳不幸遇难的悲痛之情，也对聂耳光辉的一生进行了高度的评价。

黎锦晖撰写了《悼聂耳先生》长诗。其中有几句发自肺腑的语言，对已经永远离别的聂耳说："你是多么倜傥，胸怀多么洒脱！品性多么温良！心思多么敏活！行为多么豪爽！"

　　孙师毅在痛悼聂耳逝世时，曾写下了这样一些令人深思的话语："你能说聂耳非天才么？他没有步入过学院的门一步；你能说聂耳不努力么？他没有浪费过他的时间一分。如果他在音乐上有什么成就的话，什么都是他自己在短促的二十三年的生活中，一点一滴获取来的。知道他和不知道他的——只要没有成见的人，谁不对他怀着至高的期望？这期望像琉璃坠地似的，而今都碎了！在整理他的遗著发表的这风雨的今宵，我回首前尘，怎么不凄惶而垂泪呢？"①

　　郭沫若在 1935 年 10 月 31 日上海《中华时报》上发表的《悼聂耳》诗中深情地写道："大众都爱你的新声，大众正赖你去唤醒，问海神你如何不淑？为我辈夺去了斯人！"

　　在纪念聂耳逝世 3 周年之际，《新华日报》登载了张曙的一篇文章《聂耳作品的历史性》②。该文中写道："聂耳先生的歌曲能够有百万人传颂至今而不厌，决不是偶然的事。那就是倘若聂耳先生的歌不能代表中华民族的吼声，不能代表千百万被压迫者反抗的呼声，那末他的歌早已就无人过问了。"这段话精准地指出了聂耳能创造巨大音乐成就的原因："因为聂耳先生已认清了并且把握住音乐的政治性与战斗性，而同时更能从工作的实践中去体验被压迫大众、被压迫民族的呼声，且更将那些无数的呼喊，通过了他的政治头脑与艺术手腕，组织成一种巨雷似的音响。"

国歌

　　随着影片《风云儿女》的放映，主题歌《义勇军进行曲》迅速响遍祖国大地。抗日战争爆发后，它成为一首号召全国人民奋起抗日的、最典型有力的战歌，在国内外都产生了巨大影响。

　　抗日战争期间，美国黑人歌唱家保罗·罗伯逊曾演唱这首歌，并灌制唱

① 见《观中国哑剧〈香篆幻境〉后》一文的"跋记"。发表于《电通》第七期（1935 年 8 月）。
② 该文发表于 1938 年 7 月 17 日武汉出版的《新华日报》。

片，使这支战歌传唱世界。

1946年，美国著名广播音乐指挥伏尔希斯曾向美国国务院提议，用《义勇军进行曲》这首歌曲来代表中国，在联合国举行的"胜利日"演奏。

1949年新中国成立前夕，在北京召开的中国人民政治协商会议上，为研究新中国国歌的拟定问题，由田汉、沈雁冰、钱三强、欧阳予倩、郭沫若组成了国歌初选委员会，另聘请吕骥、贺绿汀等4位专家为顾问。

9月25日晚，负责拟定国旗、国徽、国歌、国都、纪年的第六小组，在中南海丰泽园开会。毛泽东、周恩来出席了会议。因国歌一时还写不出来，召集人提议用《义勇军进行曲》暂代国歌。

有人提出，《义勇军进行曲》的曲子很好，但是歌词内容有些过时，例如"中华民族到了最危险的时候"。当时全国基本都解放了，再唱"到了最危险的时候"有些不合适，建议将其加以修改。但大多数代表则认为，《义勇军进行曲》是历史的产物，应该保持它的完整性，词曲都不要改。

周恩来也主张用旧的歌词，认为这样才能鼓动起人们的感情。他说："我们虽然解放了，但要有'居安思危'的思想，以后还可能有战争。"

这一远见卓识，得到全体与会者的赞同，遂最后大家一致赞成用《义勇军进行曲》暂代国歌，并保持原歌词面貌，不加任何改动。会上全体人员合唱了《义勇军进行曲》。

9月26日下午，国旗、国徽、国歌、国都、纪年审查委员会第一次会议上，全体出席委员一致同意在正式国歌未制定前，暂以《义勇军进行曲》为国歌。

9月27日，中国人民政治协商会议第一次会议通过以下重要议案：在中华人民共和国国歌未正式制定前，以《义勇军进行曲》为国歌。

"文化大革命"期间，作为代国歌的《义勇军进行曲》的词作者田汉被列为要"打倒"的对象。代国歌的歌词被废止。同时，发起了征集新国歌活动，但始终没能选出较为合适的国歌。

1978年3月5日，经第五届人大第一次会议讨论通过，《义勇军进行曲》正式成为国歌。但它的歌词并非田汉的原词，而是集体填写的新词。但改后的歌词未能很好地流传。

1982 年 12 月 4 日，第五届全国人民代表大会第五次会议作出了撤销第一次会议的决议，决定恢复聂耳、田汉合作的《义勇军进行曲》作为中华人民共和国的正式国歌。

2004 年 3 月 14 日，《义勇军进行曲》作为中华人民共和国国歌被写进宪法。

2017 年 9 月 1 日，《中华人民共和国国歌法》获十二届全国人大常委会第二十九次会议表决通过，于 2017 年 10 月 1 日起施行。《中华人民共和国国歌》（即《义勇军进行曲》）国歌旋律曲谱的标准版本由人民音乐出版社同年正式出版发行。

2019 年 6 月，《义勇军进行曲》入选中宣部"庆祝中华人民共和国成立 70 周年优秀歌曲 100 首"。

《义勇军进行曲》成为历史经典。

永远的纪念

1954 年，云南省人民政府决定重修聂耳墓地，郭沫若先生为其题"人民音乐家聂耳之墓"碑和墓志铭：

> 聂耳同志，中国革命之号角，人民解放之鼙鼓也。其所谱《义勇军进行曲》，已被选为代用国歌，闻其声者，莫不油然而兴爱国之思，庄然而宏志士之气，毅然而同趣于共同之鹄的。聂耳呼，巍巍然，其与国族并寿，而永垂不朽呼！
>
> 聂耳同志，中国共产党党员也，一九一二年二月十四日生于风光明媚之昆明，一九三五年七月十七日溺死于日本鹄沼之海滨，享年仅二十有四。不幸而死于敌国，为憾无极。其何以致溺之由，至今犹未能明焉！

1954 年 11 月 1 日，日本人在藤泽市鹄沼海岸聂耳遇难地附近，建立了聂耳纪念碑。

1963 年，随着中日民间的贸易往来，日本人民又重建"耳"字形的花岗石纪念碑。日本戏剧家秋田雨雀先生撰写介绍聂耳生平碑文，并请郭沫若题写纪念碑。郭沫若书题了"聂耳终焉之地"6 个大字。

1985 年以来，为了纪念伟大的革命音乐家聂耳，云南省玉溪市修建了聂耳公园、聂耳文化广场、聂耳纪念馆等一系列公共建筑设施，并对聂耳故居进行了修缮，包括屋外的药铺牌坊，屋内的陈设，床与柜子的摆放，都一一还原了聂耳一家人居住时的样貌。

2021 年 4 月 27 日，昆明学院"聂耳音乐学院"挂牌成立。这是一所培养拔尖音乐人才、创建小而精、小而特、小而强的本硕一体化新型艺术类专业音乐学院。首任院长为著名歌唱家戴玉强。伟大的共产主义音乐家聂耳的"为人民讴歌"的精神将永远传承下去。

中央音乐学院聂耳同志纪念室 成立纪念

生聂耳的是我，培养聂耳的是共产党。聂耳在生时我爱他，共产党把他教育成长。他已死去二十年了！但我一直感觉他还活着。我要永远感谢共产党，感谢毛主席，感谢怀念聂耳的亲爱的同志们。

彭寂宽 一九五五年六月

聂耳的母亲彭寂宽为聂耳纪念室的亲笔题词

尾声 历史的丰碑

———

聂耳用短暂的一生创作了数十首革命歌曲，这些作品对中国音乐产生了深远的影响。

他的歌曲创作以高昂的革命热情，揭露了社会的矛盾，唱出了人民的心声。给人民带来了力量，带来了光明。

他的音乐创作具有鲜明的时代感、严肃的思想性、崇高的民族精神和卓越的艺术创造性，为中国无产阶级革命音乐的发展指出了方向，树立了中国音乐创作的榜样。

他是成功率最高的曲作者，是为人民而歌的曲作者、为时代而歌的曲作者、为祖国而歌的曲作者。他创造了中国音乐史上的多个"第一"：

第一个在歌曲中成功塑造中国无产阶级形象的作曲家；

第一个以群众歌曲的形式传达革命理想的作曲家；

第一个用儿童歌曲的形式呼唤新中国的作曲家；

第一个用电影音乐唤起民众用血肉筑起长城的电影音乐家。

从云南走向全国、走向世界的人民音乐家聂耳，是我国新音乐的先驱，是无产阶级领导的革命音乐运动的杰出代表，是中国音乐史上一面光辉的旗帜。

2009 年，聂耳被评为"100 位为新中国成立作出突出贡献的英雄模范人物"之一。

由聂耳及其战友所开创的中国革命音乐事业，在中国共产党的领导下，以新的姿态从胜利走向更加辉煌灿烂的胜利，取得了中国音乐史上史无前例的全面繁荣。一种中国特色社会主义的新音乐，必将在聂耳等前辈所开创的道路上"前进、前进、前进进！"

朱德同志为昆明聂耳纪念馆的题词

参考文献

1. 日本东京聂耳纪念会编：《聂耳纪念集》，日本堀川印刷所，1935 年版。

2. 聂耳作，马剑华辑：《聂耳全集》，万象书店，1951 年版。

3. 《聂耳全集》编辑委员会编：《聂耳全集（上卷）（下卷）》，文化艺术出版社，人民音乐出版社，
   1985 年版。

4. 《聂耳全集》编辑委员会编：《聂耳全集（上卷 音乐编）（中卷 资料编）（下卷 文字编）》，文化
   艺术出版社，2011 年版。

5. 聂耳作，云南省文化局音乐工作组辑：《聂耳歌曲选》，云南人民出版社，1955 年版。

6. 中国音乐家协会、中国音乐研究所编辑：《中国近、现代音乐史参考资料 1927—1937 第 3
   编 第 1 辑 聂耳专辑》，中国音乐家协会，中国音乐研究所，1959 年版。

7. 中央音乐学院中国音乐研究所：《聂耳专辑（一）（二）（三）》，中央音乐学院中国音乐研究所，
   1963—1964 年版。

8. 中国艺术研究院音乐研究所编：《聂耳》，人民音乐出版社，1982 年版。

9. 史君良编著：《聂耳传略》，香港上海书局，1982 年版。

10. 李业道：《聂耳的创造》，人民音乐出版社，1984 年版。

11. 人民音乐出版社编辑部：《聂耳歌曲集》，人民音乐出版社，1985 年版。

12. 聂耳、冼星海学会编：《永生的海燕 聂耳、冼星海纪念文集》，人民音乐出版社，1987 年版。

13. 汪毓和：《聂耳评传》，人民音乐出版社，1987 年版。

14. 汪毓和：《聂耳音乐作品》，湖南文艺出版社，2003 年版。

15. 崎松、伊人编著：《聂耳与国歌》，云南民族出版社，1990 年版。

16. 郑一奇、杨清华编：《人民热爱的音乐家——聂耳与冼星海》，河北教育出版社，1992 年版。

17. 王懿之：《聂耳传》，上海音乐出版社，1992 年版。

18. 崎松：《永生的海燕 纪念聂耳诗抄》，德宏民族出版社，1993 年版。

19. 聂叙伦：《少年时代的聂耳》，中国少年儿童出版社，中国青年出版社，1996 年版。

20. 谭话津编著：《聂耳》，中国国际广播出版社，1996 年版。

21. 小鹿编著：《聂耳》，中国和平出版社，1996 年版。

22. 陈伯吹：《在聂耳坐像下》，湖南少年儿童出版社，1998 年版。

23. 思慧编著：《聂耳的故事》，汕头大学出版社，1998 年版。

24. 崎松著，玉溪市文联编：《聂耳与玉溪》，民族出版社，1999 年版。

25. 崎松：《聂耳之路》，云南民族出版社，2006 年版。

26. 崎松：《国魂颂——纪念聂耳散文集》，云南民族出版社，2008 年版。

27. 崎松主编：《聂耳与日本》，云南人民出版社，2010 年版。

28. 存文学、冯德胜：《聂耳 从云南大山走出来的音乐大师》，云南人民出版社，1999 年版。

29. 林乾主编，和平编著：《聂耳的青少年时代》，山西人民出版社，1999 年版。

30. 孙学明主编：《聂耳的故乡——玉溪》，群言出版社，1999 年版。

31. 郭超：《国歌历程》，中国国际广播出版社，2002 年版。

32. 刘琼：《聂耳：匆匆却又永恒》，大象出版社，2002 年版。

33.〔日〕齐藤孝治：《聂耳——闪光的生涯》，庄丽译，上海音乐出版社，2003 年版。

34. 王跃主编，云南聂耳音乐基金会编：《人民音乐家聂耳》，云南美术出版社，2005 年版。

35. 赵云声、刘凤主编：《聂耳》，中国电影出版社，2005 年版。

36. 王志雄、郭凌主编：《聂耳——玉溪人民的骄傲》，中国民族摄影艺术出版社，2006 年版。

37. 王志雄、郭凌主编：《亲人心中的聂耳》，中国民族摄影艺术出版社，2008 年版。

38. 王志雄、郭凌主编：《永恒记忆——云南日报上的聂耳（1980.7—2007.12）》，云南人民出版社，2008 年版。

39. 于丽娜改编：《聂耳》，中央编译出版社，2007 年版。

40. 玉溪市图书馆编：《人民日报上的聂耳（上）（下）》，云南人民出版社，2008 年版。

41. 吴然：《国歌的曲作者聂耳》，吉林文史出版社，2008 年版。

42. 云南省玉溪第一中学编：《中华之声——聂耳》，云南美术出版社，2010 年版。

43. 刘达编著：《人民音乐家聂耳与冼星海》，吉林人民出版社，2011 年版。

44. 刘达编著：《奏响中华最强音》，吉林人民出版社，2011 年版。

45. 中共玉溪市委宣传部、玉溪市文化局编：《百年聂耳》，云南美术出版社，2011 年版。

46. 王术编著：《聂耳》，吉林文史出版社，2011 年版。

47. 中国人民政治协商会议昆明市委员会编：《伟大的人民音乐家聂耳》，云南美术出版社，2012 年版。

48. 代斌改编：《聂耳》，吉林出版集团有限责任公司，2012 年版。

49. 刘大伟、刘岸:《聂耳 第二卷 电影文学剧本（上、下集）》,文化艺术出版社,2012 年版。

50. 张邺侯、陈劲松编著:《纪念聂耳诞辰一百周年——新编聂耳歌曲合唱十四首》,云南大学出版社,2013 年版。

51. 中共玉溪市红塔区委,玉溪市红塔区人民政府编:《国魂永存》,云南美术出版社,2013 年版。

52. 聂耳国际文化促进会:《聂耳百年》,长城出版社,2013 年版。

53. 马永明主编:《聂耳研究书目提要》,云南人民出版社,2013 年版。

54. 谷应:《聂耳:人之初》,现代出版社,2013 年版。

55. 吴宝璋:《人民音乐家——聂耳》,云南人民出版社,2014 年版。

56. 云南省博物馆编、王丽明主编:《聂耳:在历史印记中解析人民音乐家》,云南人民出版社,2016 年版。

57. 〔日〕冈崎雄儿:《不愿做奴隶的人:聂耳传》,李玲译,新星出版社,2019 年版。

58. 昆明市聂耳研究会编:《聂耳音乐的大众性民族性艺术性研讨会文集》,云南民族出版社,2019 年版。

59.《中国戏曲音乐集成》全国编辑委员会、《中国戏曲音乐集成·云南卷》编辑委员会:《中国戏曲音乐集成·云南卷（上）（下）》,中国 ISBN 中心,2004 年版。

附录 聂耳主要音乐作品及评论文章年表

时间	创作	体裁	名称	署名、发表及其他信息
1932	音乐作品	口琴曲	《进行曲》	未发表
		口琴曲	《圆舞曲》	未发表
		歌舞曲	《天伦之爱》	未发表
	评论文章	杂文	《下流》	（笔名"黑天使"）《电影艺术》第一卷第一期
		杂文	《和〈人道〉导演者的对话》	（笔名"浣玉"）《电影艺术》第一卷第二期
		杂文	《十九路军一兵士》	（笔名"黑天使"）《上海时报》副刊1932年7月10日
		杂文	《黎锦晖的〈芭蕉叶上诗〉》	（笔名"黑天使"）《上海时报》副刊1932年7月13日
		短评	《中国歌舞短论》	（笔名"黑天使"）《电影艺术》第一卷第三期
1933	音乐作品	歌曲	《开矿歌》	电影《母性之光》插曲，田汉词（当时署名"孙瑜"）
		歌曲	《饥寒交迫之歌》	独幕剧《饥饿线》插曲，董每戡词
		歌曲	《无题（雪）》	未署词作者姓名
		歌曲	《卖报歌》	安娥词
		歌曲	《小工人》	安娥词
		歌曲	《伤兵歌》	安娥词
	评论文章	短评	《我所知道的〈生路〉里的音乐》	《晨报》副刊1933年2月20日
		短评	《电影的音乐配奏》	（笔名"噪森"）《电影画报》1933年第一期
		短评	《影界漫话》	（笔名"噪森"）《电影画报》1933年第二期
1934	音乐作品	歌曲	《走出摄影场》	安娥词
		歌曲	《一个女明星》	安娥词

（续表）

时间	创作	体裁	名称	署名、发表及其他信息
1934	音乐作品	歌曲	《雪花飞》	柳倩词
		歌曲	《打砖歌》	舞台剧《扬子江暴风雨》插曲，蒲风词
		歌曲	《打桩歌》	舞台剧《扬子江暴风雨》插曲，蒲风词
		歌曲	《码头工人》	舞台剧《扬子江暴风雨》插曲，百灵词
		歌曲	《前进歌》	原名《苦力歌》舞台剧《扬子江暴风雨》插曲，田汉词
		歌曲	《小野猫》	陈伯吹词
		歌曲	《白雪歌》	苗子词
		歌曲	《卖报之声》	武蒂词
		歌曲	《春日谣》	鲁女词
		歌曲	《毕业歌》	电影《桃李劫》主题歌，田汉词
		歌曲	《大路歌》	电影《大路》主题歌，"孙瑜"即田汉词
		歌曲	《开路先锋》	电影《大路》序歌，孙师毅词
		歌曲	《飞花歌》	电影《飞花村》主题歌，孙师毅词
		歌曲	《牧羊女》	电影《飞花村》插曲，孙师毅词
		组歌	《新女性》（《回声歌》《天天歌》《一天十二点钟》《四不歌》《奴隶的起来》《新的女性》）	电影《新女性》主题歌，孙师毅词
		民乐合奏	《金蛇狂舞》	根据民间乐曲创编
		民乐合奏	《翠湖春晓》	根据民间乐曲创编
		民乐合奏	《山国情侣》	根据民间乐曲创编

（续表）

时间	创作	体裁	名称	署名、发表及其他信息
1934	音乐作品	民乐合奏	《昭君和番》	根据民间乐曲创编
	评论文章	评论	《看俄国歌剧杂谈》	笔名"噪森"
			《一年来之中国音乐》	（笔名"王达平"）《申报》"本埠副刊" 1935 年 1 月 6 日
1935	音乐作品	歌曲	《告别南洋》	话剧《回春之曲》插曲，田汉词
		歌曲	《春回来了》	话剧《回春之曲》插曲，田汉词
		歌曲	《慰劳歌》	话剧《回春之曲》插曲，田汉词
		歌曲	《梅娘曲》	话剧《回春之曲》插曲，田汉词
		歌曲	《自卫歌》	原名《逃亡曲》，电影《逃亡》主题歌，唐纳词
		歌曲	《塞外村女》	电影《逃亡》插曲，唐纳词
		歌曲	《打长江》	田汉词
		歌曲	《采菱歌》	田汉词
		歌曲	《采茶歌》	未署词作者姓名
		歌曲	《茶山情歌》	未署词作者姓名
		歌曲	《铁蹄下的歌女》	电影《风云儿女》插曲，许幸之词
		歌曲	《义勇军进行曲》	电影《风云儿女》主题歌，田汉词
	评论文章	评论	《日本影坛一角》	《艺声》第三期 1935 年 8 月
		评论	《法国影坛》	《艺声》第三期 1935 年 8 月
		评论	《苏联影坛》	《艺声》第三期 1935 年 8 月
		评论	《观中国哑剧〈香篆幻境〉后》	（笔名"噪森"）《电通》半月画报 1935 年 8 月 16 日